為國中生上的愛情課

蕭定 著

感情影響一個人一輩子的成就。

目錄

誰來紓解少男少女感情困頓

　　105年弟弟跟我提起我們的姨丈（泉州姑婆的大女婿），我很驚訝，莫非就是小時候常聽媽媽說孝感動天的那位姨丈？於是趁年假，我們兄弟姊妹專程去拜訪傳說中的姨丈。從此結緣，並多次參加他舉辦的小型婚姻諮商座談，會中大家都稱他「蕭老師」。每次諮商座談後，他都會語重心長地強調「感情教育要從青春期扎根，趁小奠定正確兩性相處價值觀，長大後才能建立幸福美滿的家庭。」。

　　也許是機緣巧合，105學年度我任教國文的八年級該班導師推動「品格教育」，我主動向他推薦蕭老師的「青少年感情基礎教育」理念，於是安排四次入班上課機會。106學年度我導師班七年級有一節彈性課程，由導師自行

安排學生廣泛閱讀、加強課業或心理輔導，於是我將「感情教育」規劃入此年度彈性課程中。受到蕭老師救世熱忱的鼓舞，我請他來辦公室與同年級老師們分享「感情教育」理念，獲得大家一致認同，我們遂積極向輔導室與教務處推薦蕭老師來學校進行「感情教育」演說。由於蕭老師擁有三十多年婚姻諮商經驗，著作中詳述許多輔導破碎家庭回歸正常生活的案例，所以輔導室打破學歷的要求，欣然贊同；基於對教育的負責與課務責任歸屬，教務處要求教師必須隨班督導。就這樣「青少年感情基礎教育」演說成行，五次課程主題如下：一、婚姻枷鎖~小珍的故事；二、什麼是愛~秀玲的故事；三、愛的力量，人與動物有什麼差別；四、問世間情爲何物？直教人生死相許？；五、一失足成千古恨。學生每次都聽得津津有味，甚至有孩子會後留下來請教個人感情問題。

　　有感於大場演說無法解決個別問題，我邀請蕭老師入班做重點說明與問答。蕭老師善於舉親身經歷與輔導個案種種實例引導學生理解何謂愛？何謂情？每次隨班聽課，看學生兩眼發光，提問父母離婚問題、男女交往困惑……。我深自反省：在升學主義主導下，身爲導師的我常把重心放在智育成績上，對於學生感情方面的困擾鮮少關注，若發現學生男女交往情事，因擔心影響課業，往往

急切通知家長，採圍堵方式，殊不知「靑春性事」是這時期孩子深切想探索與理解的，靑春期少男少女身心困頓獲得紓解、情緒穩定，更有助於課業學習啊！

我把心得與同事分享，陸續也有6位導師邀請蕭老師入班。爲感謝蕭老師對本校學生身心輔導的貢獻、無爲的付出，校長特別邀請他參與本學年校務會議，頒發感謝狀。可惜106學年之後，各科爲加強課業搶彈性課程，再也沒有機會安排這麼有系統的「靑少年感情基礎教育」課程了。欣聞蕭老師把「靑少年感情基礎教育」課程講稿集結成冊，我義不容辭參與校稿，更期盼自己將這些課程融會貫通，融入教學當中。

國中教師 丁美娟

這位阿公要來教愛情課？

　　引荐我來到學校給國中生上「愛情課」的老師，曾跟我分享她的教室觀察日誌，寫道：

　　「猶記得 2014 夏天的某個中午，我躡手躡腳地巡視導師班的午休情況，深怕吵醒熟睡的學生，但是在教室的一角，卻赫然發現一男一女躺在地上擁吻。後來聯絡到兩位都是單親的媽媽，一起了解和處理兩小無猜的戀愛問題，當然雙方家長都以課業為由，要求兩人分手，尤其女方家長更為強硬。此事隨著學生畢業而落幕，兩人後來上了不同高中，不到半年就分手。」這件事看似平和地落幕了，我心裡卻反覆思索：面對國中階段就談戀愛的孩子該如何輔導？如何與家長溝通孩子談戀愛的問題？

　　這是我生平第一次正式講課，對象是十四歲的國中

生，上的是「愛情課」。

　　幫忙安排我到她們學校給學生上「愛情課」的老師，是我太太表姐的大女兒，並不是她正在傷腦筋不知如何應對學生的「盲愛濫交」，才邀請我來到學校給學生上課，是因爲我正在想盡各種辦法，利用各種機會推動感情基礎教育。

　　因爲從我們夫妻結婚以後，不斷有感情生變親朋好友，看到我們婚後依然恩愛不減，開始上門尋求援助。

　　雖然在這幾十年來，我義務幫人化解了很多夫妻感情問題，並及時挽回了不少瀕臨破碎的家庭和婚姻，卻眼看整個社會中離婚的人越來越多，太多人不敢結婚，或者好不容易結了婚也不敢生孩子，造成社會問題日益惡化。

　　深入檢討容易發生變數的婚姻，找到了一個共通問題，就是欠缺維護婚姻、穩定感情的價值觀，才使得夫妻普遍出現「有愛無情」現象，因而造成離婚率屢創新高，對婚姻失去信心的人也越來越多。

　　歷經將近二十年針對問題試驗，從中證實「感情基礎教育」，是解決夫妻問題減低離婚率的根本方法，於是想盡各種辦法，利用每一個機會，全心全力投入推動感情基礎教育工作。

　　尤其近十年來，四處奔走呼籲，希望促請政府向下扎

根，能夠盡早實施感情基礎教育，卻始終心長手短，力不從心！

　　自從認識太太表姊的大女兒，知道她在國中擔任老師以後，就一直想找機會請她幫忙，共同尋求推動感情基礎教育工作，想不到第一次向她提出這個想法後，不但立刻獲得認同，更馬上幫忙安排給國中生上愛情課機會。

　　第一個學期，只有安排了她任教的二年級一個班，每一個月上一節課，共上了四節課。

　　第一節課上「愛是什麼」，主要是引導學生了解「愛與情」有什麼不一樣，和「愛」的動力能量來源。

　　第二節課上「情為何物」，引導學生了解造成「有愛無情」的原因，和所造成對人生命運的影響，以及如何建立穩固長久的感情基礎。

　　第三節課安排解答學生提問，由學生將提問的感情問題，預先寫在便條紙上交給班長，上課時當場交給我做解答，後來改成講我的愛情故事。

　　第四節課老師希望我分享一段，當兵時如柳下惠超我的愛情故事，和一個協助解決感情問題案例。

　　經過四次課程，學生接受度很高，於是，從第二個學期開始，持續安排團體演講與入班說明與問答。老師告訴我說：「原本感覺班上學生莫名躁動，很難專心上課聽

講，沒想到上完愛情課後，情緒穩定很多，心思也比較能專注在功課上，成績也明顯進步。」

　　三個學期的國中生愛情課，是我這一生中對「青少年感情基礎教育」理念的實踐，我把課程講稿、問答加以整理成「五堂愛情課」，希望可以拋磚引玉，給予對「青少年感情基礎教育」有志一同的賢士參考。如果您看完這本書後，有任何寶貴意見，也請不吝賜教。

　　國中生爲何要上愛情課？

　　愛情這門學問對十幾歲的孩子來說會不會太早入門？這個答案，希望讀者們可以一起討論。

　　我疑惑的是：當大人們還在思考是否要那麼早替青少年上愛情課時，這些十幾歲的少男少女早已被愛情的問題困擾著，而大人們卻還沒準備教孩子認識愛情？

編按：本書內容已將原四節課重新編輯爲六堂課。原第三節課的問答，部分打散至各篇章末，並改爲第六堂課。

開場白

上課前老師向同學介紹說：

今天帶來的蕭老師，他是特別從台北下來的哦，因為他有三十幾年家庭輔導的經驗，在他輔導的過程發現，**感情影響一個人一輩子的成就。**

不管你的成績好與不好，有一個東西很重要，我們講的EQ對不對？在EQ裡面，它對感情的處理會影響到你未來。不管你從事什麼職業，也許你是總統，也許你是董事長，也許你是老師……，你只要碰到感情問題，如果你處理得好，你未來就會非常的順遂；如果你處理不好，可能就一敗塗地。所以蕭老師，他在整個人生的過程中，有很深的體悟，所以他這幾年來，就一直在推動我們要怎麼樣把感情教育向下扎根，希望我們在國中青春發育的階段，就可以去思考這個議題，以後不要走那麼多的冤枉路。他最希望的就是，我們可以把感情處理得好，然後以後的人生是非常順遂的，事業成功家庭美滿，是他的一個期待，他就是很熱忱。

蕭老師來給我們上課，鐘點費要給他都不收，他覺得這個是他自願服務的，他不是要錢，他要的是讓同學知

道，這個課程很重要，然後我們要去思索自己的人生。

好，拉里拉雜講了這麼多，重點就是蕭老師他經驗很豐富，看蕭老師白頭髮是我們的阿公級了，他要以他的人生經驗來傳授給大家，而且我們都不用花錢，就可以聽到這麼好的課。

那我們以掌聲，我們以愛的鼓勵好了，用愛的鼓勵來歡迎蕭老師，來，一起（掌聲）OK好！

| 第一堂課 | 愛是什麼？

/ 013 /

| 第一堂課 |

愛是什麼？

　　同學午安，剛剛你們老師介紹，一個人的感情處理得好，對你的未來就會非常的順遂；如果感情處理得不好，不管你是總統，還是公司的董事長，你可能就會一敗塗地。

　　我為了確認感情這種事情，是不是真的對人生命運影響那麼重大，專程針對這個問題請教過了很多人，包括好多位專家學者教授，結論就像你們老師講的那樣，感情處理得好與不好，就是人生成功與失敗的最大關鍵。

　　那感情是什麼呢，根據我和我太太親身的經驗，和幾十年來幫了那麼多人成功挽回家庭婚姻的經驗，從中證實感情的基礎，就是「愛情」！

　　也就是說，關係一個人的人生命運好與不好的感情，

就在於能不能夠擁有一個恩愛長久的「愛情」！

（在黑板上寫『愛情』兩個字）。

那我們今天就來討論「愛情」，哈……我發現有幾個同學，看見我寫愛情兩個字的時候，你們的眼睛在發亮，好像講對了你們的心裡，對不對？

（有同學出現不好意思表情）

剛才你們老師介紹說我有三十幾年輔導感情經驗。

不錯！應該是從我們夫妻結婚開始，就不斷幫了很多人解決感情問題，然後從那些容易發生感情問題的實例裡面發現，現在人的感情問題會那麼多，會那麼的困難解決，主要問題出在於**兩個人之間，只有「愛」沒有「情」**。

將愛的本能轉化提升為情

這一種「有愛無情」的現象，不只有結婚後的夫妻才會發生，就連正在談戀愛的情侶，也非常的普遍，發生的機率占百分之八、九十以上。

爲什麼正在戀愛中的男女朋友，或是好不容易才結婚的夫妻，會那麼普遍的出現只有「愛」沒有「情」呢？

答案很簡單，因爲大家不知道「愛是什麼」，也分不

清楚「情爲何物」，甚至將「愛與情」，這兩種完全不同屬性的事情混爲一談。

　　就因爲不了解「愛與情」，才會錯把愛當情，也錯把情當愛，雖然都很認眞努力經營，甚至賣命的想要顧好感情，最後不但得不到「眞愛」，反而造成無法挽回彌補的傷害。

　　反而對愛情完全失去信心，以至於造成現在不敢結婚的人越來越多，最後走到離婚的人也越來越多。

　　講最簡單的就是完全不知道，怎麼去**將我們人類最原始動物本能的「愛」，轉化提升成爲能夠讓感情恩愛長久的「情」**！

　　我所以會知道，是因爲從小一直感到很好奇，心裡一直想到了一對夫妻，可以每天睡在一起，感情應該要很恩愛才對，爲什麼會有那麼多沒有辦法解決的困難問題。

　　我好像是到了你們這個年紀，應該是上了中學以後，有機會接觸到了課外讀物，才開始認眞努力的去學習研究。

　　最後讓我了解感情基礎的重要性，也才知道怎麼樣去將我們人類最原始本能的「愛」，轉化提升爲恩愛長久的「情」，讓我能夠結婚四十幾年來，跟老婆一直還在談戀愛。

　　我跟老婆還在談戀愛的事情，不能夠隨便編故事來騙你們，因爲我太太是你們老師的阿姨。

　　（同學：是真的嗎）

　　（老師：是真的，蕭老師的太太是我阿姨）

　　也是因爲這樣，你們老師才會讓我來給你們上課，因爲你們老師很希望教導你們，如何解決世界上最糾葛難纏的男女感情問題。

　　好，我剛才說現在的情侶和夫妻，大多是因爲「有愛無情」，感情問題才會那麼的糾葛難解，那請問各位同學，「愛和情」有什麼不一樣，有誰能夠講一下不一樣的地方是什麼嗎？

　　（靜默，無人回答）

　　沒有人知道是嗎，是不知道，還是不好意思回答，如果是這樣，那我們今天就先來討論，愛情的「愛」是什麼，好嗎？

　　（好幾個點頭，沒人發言）

　　我們在討論「愛」是什麼之前，我先來講一個才剛輔導一對年輕夫妻的故事，好讓大家比較容易了解什麼是「愛」。

結婚十五年卻從來沒愛過？

在一個多月前，有一個今年三十歲，名叫「秀玲」的打電話給我，她在電話中很難過的說：「都已經嫁給他十五年了，也幫他生了兩個兒子，他竟然告訴我說，他從來沒有愛過我，說要跟我離婚，叫我怎麼……！」

秀玲說，她們當初也是戀愛才結婚，怎麼可能說從來沒有愛過她，如果真的從來沒有愛過她，當初怎麼可能會娶她，怎麼可能跟他生了兩個兒子……！

電話中她一再的抱怨：「都把十幾年的青春給他了，還冒著生命危險幫他生了兩個兒子，如果真的沒有愛過我，為什麼當初要騙我，為什麼不早一點告訴我，讓我早一點死心……！」

我問她當初是什麼原因，妳年紀還那麼小就嫁給他，她說：「那時候我們在網路上認識，見了幾次面以後，就發現懷孕了！」

她說懷孕的事情，很快讓娘家老媽發現，父母親堅持叫她拿掉孩子，她沒有辦法接受，最後為了保護孩子，利用送她上學途中趁機會逃走，兩個人開始私奔，躲到了桃園親戚家。

躲了半個多月，老媽假自殺將她們騙出來，強將她老

公押到警察局報案，說他誘姦未成年少女，還拐騙她離家出走，說非要將他關進監牢不可，最後父母拗不過她的堅持，才答應讓她們結婚。

最後秀玲說，很後悔當初沒有聽老媽的話，如果那時候不是自己堅持嫁給他，現在也不會這麼痛苦！

我問她：「妳嫁給他十五年了，那時候妳應該還在讀書，爲什麼會跟一個才剛認識，也不知道他是好人還是壞人，你就那麼隨便的跟他發生關係？」

秀玲回答：「不能夠說是隨便，愛一個人有什麼不對，就是因爲愛他，那時候才會給他，也因爲愛他，才會一直想不開！」

秀玲因爲沒有辦法接受結婚了十五年，才被老公說從來沒有愛過她的打擊，自殺了兩次，又被醫生診斷疑似「癌前病變」，後來經過複檢證實，只是虛驚一場，只是一般良性水瘤。

本來秀玲就一直想不開鬧自殺，又突然接到醫院檢查報告通知，說她疑似「癌前病變」，真是晴天霹靂，十萬火急的打電話向我求救。

我剛從台北來到你們老師家，準備找你們老師討論來學校上課的事情，秀玲知道我人在台中，要求可不可以馬上見她。

得到你們老師的同意以後，才讓她老公開車載她來你
們老師家裡，也才第一次見到了她那無情的老公，你們老
師也見過他們。

　　秀玲長相漂亮，是一個標準大美女，身高將近
一百七十模特兒身材，很像古時候人講的那樣『紅顏薄
命』，真的是水人沒水命。

　　（美人沒美命）

　　我手機裡有幾張她的照片，本來準備給大家看一下，
你們老師說對於輔導對象要堅持保密原則，所以沒有辦法
秀給你們看。

　　秀玲說她今年三十歲，已經嫁給她老公十五年了，那
她不就是十五歲就嫁人，你們是國中二年級，你們今年幾
歲？

　　（大都回答十四歲，有人說十五）

　　我沒有問過秀玲，是不是在讀國中的時候嫁人，你們
是國二學生，今年十四五歲，那她應該是在國二還是國三
嫁人，是不是這樣？

　　（有人回答應該是，有人說他表姐也是國三嫁人）

　　我想這一種問題，應該問一下女同學好了，請問女同
學，如果妳們交了一個像秀玲老公那樣的男朋友，都已經
把全部都給他了，男朋友才無情的告訴妳說，他從來沒有

愛過妳，甚至想藉口甩掉妳，妳們會怎麼做？

　　（剛開始女同學沒人回應，後來有男生說，一定有小三）

　　（等了一下，又有男同學說，大美女耶，離就離，誰怕誰，那麼傻幹嘛，還想不開）

　　（有人打開話題，男同學爭先恐後發言，大多數說，趁早離開，才三十歲，又那麼漂亮，不怕沒人要，可以再嫁一個更帥的，更有錢的）

　　（男同學爭先恐後發言，女同學好像個個面有難色，無人回應）。

發生那一種關係就說有愛？

　　我接著說，不只有秀玲自己一直想不開，自殺了兩次，她老公也一樣不想活，有一天晚上秀玲打電話說，她老公正在爆發情緒，手拿一把美工刀，架在自己的脖子上，威脅她說：「妳今天如果不答應離婚，我就死給妳看！」

　　我請她將電話拿給老公聽，然後告訴她老公說，你能夠給我一個月時間嗎，我保證給你一個滿意的答案，才讓她老公放下美工刀。

後來跟她老公見面，我問他說：「你告訴你老婆說，你從來沒有愛過她，是真的嗎？」

　　他解釋說：「是真的從來沒有愛過她，講實在話，認識她，是我人生惡夢的開始，娶到了她，讓我人生萬劫不復，也讓全家人跟著一起遭殃！」

　　接著他說：「你能夠想像嗎！你從來沒有愛過這一個人，甚至每一次跟她見面，都會從心裡感到非常的討厭，卻又要每天強迫自己跟她生活在一起，你知道這是一件多麼痛苦的事情嗎？」

　　後來又聽秀玲講她老公，曾經換過了好幾個工作，一直都沒有辦法穩定下來，也花了好幾百萬投資事業，也是一事無成。

　　我曾經輔導過很多情侶和夫妻，因為愛情不如意，因為感情問題一直沒有辦法解決，最後像她老公那樣，自暴自棄自我放棄，每天失魂落魄墮落頹廢的人實在太多了。

　　最後秀玲描述她老公，三餐不願意跟家人一起吃，常常自己整天關在頂樓上，也規定不准有人上樓吵他，甚至已經有六年多時間，夫妻不再同房！

　　秀玲說，一直很好奇頂樓到底藏著什麼祕密，才不准她跟孩子上樓，很想偷偷上去看一下，看他都在那裡幹什麼，可以一整天不吃不喝！

　　再問她老公：「如果都沒有愛過你老婆，那時候你們才剛認識，怎麼可能跟她發生關係，你如果不愛她，怎麼可能繼續跟她再生第二個兒子？」

　　他想了好久，才好像很勉強的回答說：「如果說，兩個人發生了那一種關係，就說有愛，那是鬼打牆！」

　　我問「鬼打牆」是什麼意思，他解釋了老半天，卻一直解釋不清楚，最後他說：「鬼打牆就是莫名其妙，就好像被鬼控制一樣，也不知道自己在做什麼，就糊里糊塗的做了那一種事情！」！

　　各位同學，秀玲的老公一直解釋不清楚，什麼是鬼打牆，你們有誰知道，什麼是鬼打牆嗎？

　　（……是中邪嗎）

　　（是鬼在牆壁上打洞嗎）

　　（哈哈哈，鬼打洞）

　　哈哈哈，鬼打洞，好像是！

　　後來我向秀玲老公解釋，因爲「愛」這一件事情，是人類原始動物本能的一個作用，它是一種無意識的本我生理現象，所以「愛」這一種事情，就像你講的那樣，是莫名其妙的，是糊裡糊塗的，很多人都說是鬼上身，也有人形容說它是邪魔。

　　它就像你當初「愛」上你老婆一樣，不管她是一個什

麼樣的人，也不管以後會發生什麼問題，就莫名其妙糊里糊塗的跟她發生關係，這就是「愛」！

她老公一直不肯承認自己曾經愛過秀玲，也一直推給鬼魂，我一再跟他解釋說，你就是因為愛她，才會跟她發生關係，才會像你講的那樣出人命。

（因為他一直說懷孕，就是出人命）

可能是我一再重複跟秀玲老公解釋：你不是只有當初愛她，才會跟她發生關係懷孕，後來也一直都還愛她，才會再跟她生第二個兒子。

她老公好像很不服氣的說：「如果兩個人發生了那一種關係，就是因為愛，那和貓狗動物有什麼不一樣，難道那一些野貓野狗交配發生關係，也是因為牠們有愛嗎？如果是這樣的話，那我們人類跟那些動物畜生有什麼不一樣！」

我後來向秀玲解釋說：妳老公並不是沒有愛過妳，妳們只是在網路上認識，只有在虛擬世界上「交往」，並沒有實際去歷練現實人生的「交情」，更沒有足夠時間建立同甘共苦的感情基礎。

妳們只有像妳老公講的那樣，就像野貓野狗動物那樣的直接「交性」，才會在還沒有感情基礎下，就隨性的發生關係。

（有同學插話，他們沒有交情，她們不是交性，是性交，全班笑）

（同學你好棒，給你按個讚）

我繼續告訴秀玲說：所以妳們從一開始的交往，只有原始動物本能的「愛」，並沒有足夠時間的「交情」機會，就是沒有互相建立相知相惜的感情基礎，才會在妳們結婚這十幾年來，一直感情不和，一直不停吵架。

也因爲妳老公沒有辦法再忍受下去，妳們這一種「有愛無情」，兩個人繼續勉強在一起生活的日子，才會無情的告訴妳說，他從來沒有愛過妳，主要目的是想要跟妳離婚。

妳老公應該是想告訴妳說，妳們從來沒有「情」，他卻分不清楚「愛與情」有什麼不一樣，誤把「情」當成「愛」，才會告訴妳說，他從來沒有愛過妳。

在後來輔導秀玲的過程裡，爲了讓她化解對老公的心理不平衡，好讓她盡早恢復自信心，所以一直跟她解釋「有愛無情」的不同地方，她卻一直分不清楚，也一再的追問：「愛」是什麼。

好，那我們今天就來試試看，看能不能夠幫忙秀玲，用最簡單的方法，去了解「愛」是什麼？

首先我問大家，愛情的「愛」這一個字，它是形容

詞，還是動詞，還是名詞？

（有人回答名詞，也有說是動詞，有說英文是動詞）

很好，還有呢？

那我們來舉手表決一下，認為是動詞的請舉手。

（半數舉手）

是喔！動詞的占多數，其實沒有多大關係，只想給大家一個印象，是想讓大家明白「愛」為什麼會是動詞，因為愛，它所代表的是一種動力，也是一種能量，有沒有人反對，我說愛是動力，也是能量，有沒有人有不同意見？

（靜默）

沒有是嗎，沒有的話，那我們接下來探討一下，男生愛女生，女生愛男生，那一種愛的能量從那裡來，愛的動力是怎麼產生的？

請問有哪一位同學知道，愛的能量從那裡來，愛的動力是怎麼產生的？

（等了一下，無人回應）

沒有同學知道是嗎，還是不好意思說。

儲藏在生物體內的愛的動力

好，當一個人進入青春期，就像你們現在這個年齡，

體內就會產生愛的能量，就會自然產生愛的動力。

像你們男生，就會開始朝思暮想的想要追女生，女生也會一直想要追男生，對不對？

（又是一陣沉默）

如果大家不知道愛的能量從那裡來，愛的動力是怎麼產生的，那我們來研究一下蠶寶寶好了，看有沒有辦法很快幫我們找得到答案。

請問有誰養過蠶寶寶……

（有同學回答養過）

你養過，還有誰，（舉手養過），你也養過。

蠶寶寶一出生，是不是就一直吃吃吃，不停的吃對不對，脫了四次皮以後，最後吐絲將自己包起來，等到破繭出來變成蠶蛾，請問蠶寶寶變成蠶蛾以後，牠們會幹嘛，有人知道嗎？

（沒人回應）

（又等了一下）

牠們會開始做一些很奇怪的動作對不對？

養過蠶寶寶的應該都有看過，公的蠶蛾會開始尾巴亂鑽，樣子好像很猴急的在找什麼，請問養過蠶寶寶的有那一個知道，公的蠶蛾尾巴亂鑽是想要幹什麼？（找母的交配）

公蠶蛾在找母蠶蛾交配是嗎，那母蠶蛾也會尾巴翹得高高的，樣子也好像很著急的在原地不停打轉，知道牠們在幹嘛嗎？

（有人笑說，在等公蛾來愛愛）

（性交）

（全班笑）

（又有說，交配完以後，公蛾會馬上死翹翹，母的下完蛋也會死翹翹）。

蠶蛾在互相找對象交配愛愛對不對，然後公蠶蛾愛愛完畢以後，馬上一命嗚呼，母蠶蛾下完蛋也會很快死掉了，是嗎？

那牠們明明知道自己交配愛愛，和產完卵以後就會很快死掉，為什麼還要那麼猴急的去找死，到底牠們是為了什麼？

（為了生小蠶寶寶）

（為了傳宗接代）

對，蠶寶寶長大發育成熟變成蠶蛾以後，到了可以傳宗接代的時候，為了繁衍後代子孫，明明知道自己會很快死掉，也要急著趕快找人交配愛愛！

是因為牠們長大變成蠶蛾以後，會從體內產生「愛的動力」，才催促牠們去尋找對象交配「愛愛」是嗎，那有

誰知道這一種愛的動力是什麼嗎？（停了一下，有人說荷爾蒙）（有人說是雌激素）

好棒，荷爾蒙和雌激素，母的是雌激素沒有錯，公的叫雄性激素，我們就統稱它是動情激素好了，所以蠶蛾產生「愛的動力」，就是來自牠們體內的動情激素荷爾蒙。

也就是蠶寶寶，長大發育成熟到了可以傳宗接代的階段，就會從牠們體內產生動情激素荷爾蒙，才會讓牠們那麼的迫不及待，想要趕快找到對象交配，趕快繁衍生小蠶寶寶是嗎？

（對，變成蛾就會趕快去找對象愛愛）

（性交）

那我們人類是不是也會像蠶寶寶那樣，長大發育成熟到了一個階段以後，是不是也會像蠶蛾那麼猴急，想要趕快找人傳宗接代，想要趕快找人繁衍子孫，才會男生愛女生，女生愛男生，是不是這樣？

（會，去找人愛愛，去找人生小孩）

（去找人性交）

（又全班笑）

所以像你們現在開始進入青春期，已經到了可以傳宗接代的階段，是不是也會像蠶蛾那樣，會從身體裡面開始產生動情素荷爾蒙，應該就是我們討論的愛的能量，就是

愛的動力，是不是這樣？

（對，男生找女生交配生小孩）

（有人指著他笑說，你是你爸和你媽交配才生下你）

（又有人指著他笑說，你老爸像公狗愛母狗一樣交配才生你呢）

（他回罵，你才是小狗，我是人不是動物，你才畜生）

（找人性交）

（全班笑翻）

（好熱鬧）

剛才有人罵動物畜生，問你們哦，你們最常聽見有誰在罵人畜生，（立刻有人回答，我伯母罵伯父）（有幾個互指，哈哈哈，你是畜生）

好，那我們來做一個結論，秀玲和她老公是不是就像蠶寶寶那樣，長大成熟到了可以傳宗接代的時候，自然從體內產生荷爾蒙動情激素，這就是「愛」的動力，也是「愛」的能量。

就是因為她們有「愛」的動力和能量，兩個人才會像蠶蛾那樣的猴急，才剛認識就等不及的「性交」，就開始愛愛懷孕生小孩。

你們說，秀玲她們有「愛」嗎，她老公對秀玲有

「愛」嗎？（有，兩個人性交就是因為愛）（對，她老公也像公狗愛母狗一樣有愛）（畜生）（全班笑）

那接下來再問大家一個問題，女生從幾歲開始有愛的動力？（30）不對，太老了，（20歲）（14）都不對，（10）正確，是10歲沒有錯。

根據醫學報導，一般女生大約從１０歲左右開始，就會有傳宗接代的能力，就會從體內產生荷爾蒙動情激素，就會開始有追求異性的愛的動力。（一堆男生同時發聲，哦……）

好，女生從10歲開始有愛的動力，那男生呢？（10歲）不對，（20歲）也不對，（12歲）

正確，12歲，所以你們男生大約從12歲開始，就會開始男生愛女生，就會開始有追女朋友的「愛」的動力。

年輕人對婚姻失去信心是因為……

請問各位同學，這樣對「愛是什麼」，對愛的動力從那裡來，和愛的能量是什麼，應該差不多了解了對不對？

（了解，為了傳宗接代）

（荷爾蒙）

（雄性動情激素）

（雌激動情素）

（性交）

（全班笑）

那我們來研究一下，如果一個人的身體裡面，停止分泌動情激素荷爾蒙，或是分泌動情激素的量能不夠的話，結果會怎麼樣？（就會失去愛的動力，就沒有辦法愛愛）

照道理說，應該是這樣沒有錯，一旦失去愛的動力，和愛的能量不夠，當然沒有辦法愛人，也沒有辦法接受愛愛。

好，那再問你們，一個人是在什麼樣的情況下，體內會停止分泌動情激素，會失去愛的動力，會沒有辦法接受求愛求歡？

（老了）

（死了）

（生病）

（變成植物人）

（車禍）

一個人死了，所有器官都會停止運作，當然不再分泌動情素，但不是老了和生病，或是變成植物人，就會失去愛的動力，有很多身體健康的年輕人，也會失去愛人的能力。

我就輔導過好多才二、三十歲的年輕人，身體都還很健康，卻分泌動情素的量能不夠，也一樣失去愛人的能力。

曾經輔導過一個才當兵回來的年輕人，他外表看起來都很正常，身體也很健康，卻一直不敢結婚，也不敢交女朋友，甚至害怕看到漂亮女生。

他父母希望他趕快結婚，怎麼逼他都沒有用，要幫他介紹女朋友也不要，連安排相親都不去，完全失去結婚交女朋友信心，後來他表哥帶來請我幫忙。

經過了解才知道，是在國中交了一個女朋友，兩個人也很快發生關係，在國中的時候都還很正常，升上高中以後，女朋友變心去愛別人，從此意志開始消沉，也沒有辦法讀書，只好到汽車修理廠當學徒！

其實他一直不敢結婚，連交女朋友也不敢的原因，主要是他的身體裡面，並不是沒有分泌動情素荷爾蒙，只是分泌雄性激素的量能不夠，才沒有愛人的能力，和失去追愛的動力，才不敢結婚不敢交女朋友。

輔導了他兩次以後，很快讓他重振雄風，讓他完全恢復愛的動能，也很快交到了女朋友，完成父母的心願結婚娶老婆。

所以我們常常聽人說，很多年輕人對婚姻失去信心，

不敢冒險結婚，其實他們不敢結婚的原因，不只是對婚姻沒有信心，大多數是因爲失去了愛的動力，是因爲愛人的量能不夠。

像秀玲就是很典型的一個，她從二十四歲開始，就因爲失去愛的能力，才會有六年時間，沒有辦法跟她老公同房，沒有能力接受她老公的求愛求歡，她老公不得已才會找藉口，說從來沒有愛過她，主要目的是想要跟她離婚找小三。

我想問一下你們，秀玲她才二十四歲，有太多人像她這樣的年紀，都還沒有交男朋友，她就已經失去了愛的能力，主要問題出在那裡，你們知道嗎？

（是不是太早和人發生關係）

（和老公沒有感情基礎）

（婆媳關係）

（沒有錢）

（像我媽一樣，被我們這些孩子氣壞身體，內分泌失調）

（應該是太早愛愛，太早懷孕生孩子）

（拜拜吃素的關係）

應該都有可能，眞正的原因，是不是像你們講的這樣，可能還需要科學才能夠證明。

不過像秀玲的問題，我大約知道她的原因，就是像剛才同學講的那樣，夫妻在婚前完全沒有感情基礎，也是太早發生關係，太早懷孕生孩子，太早嫁人，最大原因是怕再懷孕。

曾經輔導過那麼多感情發生問題的夫妻，其中就占有百分之七八十的人，都有像秀玲這樣的問題，都是從還很年輕的時候，身體就沒有辦法分泌足夠愛人的量能，就失去了愛人的能力。

你們要不要猜猜看，現在離婚的人那麼多，造成夫妻離婚的最大原因是什麼，你們知道嗎？

（……）

不知道是嗎，那我問大家一下，你們其中有沒有人的父母親已經離婚了？

（有）

（有好幾個）

有好幾個，父母親已經離婚的同學有好幾個，可以舉手讓我看一下好嗎？（有八個舉手）

有那麼多，那你們知道，你們父母離婚的原因是什麼嗎？

（吵架）

（冷戰）

（個性不合）

（分居）

（像仇人）

（家暴）

（有小三）

根據幾十年來的統計，夫妻離婚最大的原因，一直排名第一的是外遇，可是像你們看到父母離婚的原因，要不是不停的爭執吵架，就是像陌生人一樣的冷戰，很多人也會分居一段時間才離婚。

其實大多數的原因，都是因為外遇的問題，只是一般發生外遇的父母，都不敢在孩子面前吵架外遇的事情，所以有可能你們父母親離婚的原因，也是因為外遇的問題。

現在外遇的人會那麼多，主要問題又是出在那裡，你們知道最大原因是什麼嗎？

（個性不合）

（小三比老婆年輕漂亮）

（老王有錢有房子）

（老婆不會生）

（沒有愛的能力）

（小三比較會撒嬌）

你們的答案應該都對，但是占有絕大多數發生外遇的

原因，都是因爲另一半失去了愛的能力，像秀玲就是因爲沒有愛的能力，才會有六年時間，沒有辦法跟老公同房，沒有辦法接受她老公的求愛，最後才導致她老公外遇！

　　她老公之所以藉口說從來沒有愛過她，是耍心機想辦法強逼秀玲跟他離婚，主要是爲了得不到秀玲的愛，也是爲了小三的關係！

　　我第一次看見秀玲的時候，她雖然長相不錯，也有高佻的好身材，身上卻讓人感覺不到一點點女人味，臉上皮膚乾乾巴巴的，一點點年輕氣息也沒有，簡直像一個已經更年期的『歐巴桑』！

　　也看不見她的三圍，全身上下都是平平直直的，最慘的是她自己說：「老公常常對孩子嘲笑說，我們家以前有木瓜，現在只剩小籠包！」

　　輔導秀玲不到一個月時間，不但讓她快速恢復青春年華，讓她快速找回愛的能力，也讓她的皮膚恢復光澤細嫩，更讓她從一個每天自怨自艾的黃臉婆，快速變成一個魅力十足的氣質大美女。

　　上個禮拜她老公主動約我見面，看他面有難色的考慮了好久，才好像提起勇氣的說：「不曉得要選那一個才好！」

青春愛對答

Q：如何找到對的人談戀愛？

A：談戀愛的對象，是沒有辦法精挑細選去找到一個對
　　的人，因為男女的生理及心理有很大的差異性，並
　　且世界上的幾十億人口當中，找不到兩個身材樣
　　貌，與個性思想觀念完全相同的人，唯有對感情和
　　愛情夠不夠了解，唯有做好了談戀愛的功課沒有。

Q：男生如果只看女生的外表身材去喜歡她，從來沒有
　　了解她，只為了炫耀自己的女朋友外表，那他們愛
　　情會有結果嗎？

A：男生只喜歡女生的美貌外表身材，只為了向朋友炫
　　耀女朋友，這樣不但沒有愛情，也不會有好結果，
　　甚至會造成很大的傷害。

愛情自習教室

以上的故事是否能給你一些關於愛情的思考自習靈感？

✧ --

✧ --

✧ --

✧ --

✧ --

✧ --

✧ --

✧ --

✧ --

| 第二堂課 |

情為何物？

　　各位同學午安，我們又見面了，請問同學，我們今天要談什麼呢，你們希望今天談什麼？

　　（談情說愛）

　　（談戀愛）

　　（談為什麼有愛無情）

　　（教我們像老師一樣，談一個長長久久的戀愛）

　　好，上一節課我們討論愛情的「愛」是什麼，「愛」的力量從那裡來。

　　我們的結論是世界上的所有生命，為了傳宗接代繁衍子孫，從體內產生動情激素荷爾蒙，產生追求異性的動力，就是「愛」的力量，對不對？

　　（對，男生愛女生，女生愛男生）

（亂愛，哈……）

（性交）

上一次我們也從秀玲和她老公的故事，清楚明白現代的人，爲什麼感情問題那麼困難解決，大都是因爲「有愛無情」。

也是因爲失去「愛的能力」，才造成外遇的人那麼多，最後離婚的人那麼多，也讓很多年輕人對愛情失去信心，甚至不敢結婚的人越來越多。

所以我們今天就來討論「情」是什麼，然後再來研究需要怎麼改變，才能夠讓人有「愛」又有「情」，才能夠讓你們也可以像我一樣，能夠擁有一個甜蜜如意，又可以長長久久的「愛情」，好嗎？

（好）

（OK）

即使是動物也會為愛殉情？

我每一次講到「情」是什麼的時候，都會想到了一句很浪漫的話：「問世間情爲何物」，你們聽過這一句話嗎？（有人說廢物）

你說什麼……

（沒有啦）

是廢物嗎，哈哈哈……

（全笑）

問世間情爲何物，有同學看過或聽過這一句話嗎？

（看過）

你看過，你知道下一句是什麼嗎？

（是不是直叫人生死相許）

對，同學你好棒，是直叫人生死相許。

（連續劇有演過）

你說連續劇有演過，你什麼時候看到的？

（應該有兩年了）

　　我爲什麼說你好棒，是因爲你也可以像我一樣，將來不但會有一個如意的愛情，也可以享受終生的幸福！

　　因爲你在兩年前，只是在連劇上看到問世間情爲何物，直叫人生死相許這兩句話，一直到現在都還清楚記得，代表你也像我小時候一樣，比一般人多分心去注意感情這種事情，才能夠讓我這一輩子愛情如意長久。

　　好，那你知道這一句直叫人生死相許的意思嗎？

（搖頭）

（有人說要死一起死，哈哈哈）

　　要死一起死是嗎，這一句直叫人生死相許，意思是兩

個人要死一起死，是嗎，還有沒有人有不一樣的意思？

（愛人走了，他也活不成了）

（生死相許，意思就是一起死）

意思是另一半走了，自己也活不下去了，要死一起死是這樣嗎？

如果意思是這樣子的話，我們家就發生過一次，你們要不要聽聽看，意思是不是這樣！

（好啊）

（你們家發生過，真的假的）

民國八八年我岳父病重，住進林口長庚醫院加護病房兩個多月，岳母住在我們泰山家裡，她只是得了一點點小感冒而已，兩個人卻同時候走了，兩個人都在同一時間斷氣往生！

（是真的嗎）

當然是真的，這種事情不能夠隨便亂講，尤其是我的岳母，是你們老師的親姑婆，你們可以問你們老師，看我講的是不是真的！

（老師說：是真的，兩個人同時斷氣，也在同一天出殯）

我岳父岳母他們生前感情真的很好，尤其我岳父沒有辦法一天離開我岳母，有一次我岳母眼睛問題，在鄉下一

直治不好，我大舅子帶她到台北看醫生，當天沒有辦法回來。

岳父眞的好可憐，一整天不吃不喝，晚上也沒有辦法睡覺，失魂落魄像個活死人，等見到了岳母以後，整個人馬上回魂活了過來。

他們應該就是感情好到了「生死相許」，才會在同一時候一起離開人世，在同一個時辰一起斷氣往生。

（哇，真的有……）

元朝初年有一個名叫「元好問」的讀書人，準備去參加考試，經過一條河邊，看見一個漁夫站在那裡嘴巴喃喃自語，他好奇的過去問爲什麼？

漁夫說剛才看見河裡有兩隻「大雁」，下網抓到了一隻，另一隻被牠飛走跑掉了，於是將抓到的那一隻殺了，準備拿到市場去賣。

說也奇怪，那一隻跑掉的大雁，不但沒有飛走，還一直停留在半空中鳴叫久久不去，過了一下子，看牠從空中直衝撞地而死，他感覺很奇怪，才莫名原因的不知如何是好。

元好問明白那一隻飛走的大雁，是爲伴侶殉情而死感動，才寫下了「問世間情爲何物，直叫人生死相許」流傳千古的詩。

　　我可能也是受到了那一隻大雁的殉情故事感動，才會在每一次只要講到了「情」是什麼的時候，都會想到了這一句問世間情爲何物！

　　我問大家，大雁爲伴侶的死殉情，是爲了什麼，你們知道原因嗎？

　　（不知道）

　　（笨死了）

　　你說什麼，你說是笨死的嗎，也有可能，是嗎？

　　（沒有啦，開玩笑）

　　（為什麼動物也會像人一樣的殉情，牠們也有愛情嗎）

　　你果然很棒，我第一次知道元好問，寫這一首問世間情爲何物的背後典故時，也像你一樣的懷疑，大雁只是一種低等動物，怎麼可能會像我們人類一樣「爲愛殉情」，難道牠們也有愛情嗎？

　　這一個問題困擾了我好久，一直找不到答案，幾年前才從自由時報上面，看見了一則報導「金剛鸚鵡夫妻廝守一生」的愛情故事，我看了感到非常意外，才趕快將報紙剪下來。

　　報紙上面說，孟加拉有一隻母鸚鵡，因被迫與伴侶分開而茶飯不思，動物園因而向法院提出上訴，法院日前宣

判，領走公鸚鵡的人，必須同時飼養這一隻母鸚鵡，這一
對金剛鸚鵡夫妻才得以團圓。

　　然後專家指出，由於金剛鸚鵡是一夫一妻制，終身只
有一個伴侶，母鸚鵡因爲失去丈夫「絕食」很正常。

　　當我從報紙上看到金剛鸚鵡是終身一夫一妻制的時
候，讓我感到很意外，也讓我感到非常的敬佩。

　　因爲幾十年來費盡了心思，都很難做到讓人維護正常
婚姻家庭，所以一直讓我認爲我們人類，如果沒有法律強
制規定，才不可能乖乖遵守一夫一妻制。

　　想不到被當成低等動物的金剛鸚鵡，卻比我們人類更
文明更先進，更懂得如何維持好家庭婚姻，更能夠終身對
另一半堅守忠貞，眞是讓人感到非常的佩服，也從那一個
時候開始，一直很想知道牠們是怎麼做到的。

　　後來又從電視上的動物頻道，看到大雁也像金剛鸚鵡
一樣，都是堅守終生的一夫一妻制，才終於了解大雁爲什
麼會「爲愛殉情」！

　　那我問大家，世界上除了大雁和金剛鸚鵡以外，還有
什麼動物也是一夫一妻制，也一樣終生不再移情別戀？

　　（……）

　　世界上的動物，除了大雁和金剛鸚鵡以外，至少還有
十種以上，比如天鵝、信天翁，河狸也是，還有丹頂鶴，

牠們一輩子都只跟同一隻做夫妻，如果另一半死了，不是跟著一起死，就是終生不再找伴侶。

不知道你們有沒有人看過，在電視上的動物頻道裡，有一次記錄一隻小雁，記者稱牠為「雁小姐」。

牠在北方出生長大了以後，跟著父母飛了幾千公里，來到南方的渡冬地方交男朋友，自從追愛成功找到了如意郎君以後，從此一生相隨相伴，愛情忠貞不移的一起到老的經過，你們有誰看過？

（好像看過，但記得不清楚）

影片記錄這一對雁小姐情侶，從相遇認識經過追愛儀式，成為戀愛中的男女朋友以後，雖然每天形影不離，已經是一對感情恩愛的情侶，卻只能夠保持純友誼關係的「交情」，完全看不到交配的「交性」行為。

牠們經過了幾個月時間，等到過完了一整個冬天，再一起飛回到了北方，回到了牠們的出生地，然後等到牠們建造好了自己的愛巢以後，才能夠成為正式夫妻，才能夠進行傳宗接代的「性交」。

「雁小姐」長大以後，也像我們人類一樣，到了可以傳宗接代的青春期，自然從體內產生「愛」的動力，促使牠們去追求意中情人。

雖然「雁小姐」順利的找到了「白馬王子」，兩個

人也開始熱情的談戀愛，卻還是只能夠保持純友誼的「交情」，還不能夠進行傳宗接代的「交性」。

必需經過一整個冬天，至少三個月的時間，才能夠結成終生伴侶，才能夠成爲正式夫妻，我們從這一個「雁小姐」的愛情故事裡面，可以很清楚的了解我們今天所討論的主題，「情」是什麼。

所以從這裡我們可以很清楚的知道，秀玲他們夫妻只是在網路上認識，只是才剛見面就像她老公講的鬼打牆「交性」，根本就沒有時間像大雁一樣的「交情」機會，夫妻最後才會變成「有愛無情」，也才造成秀玲提早失去愛的能力。

我們更從這裡得到了一個結論，如果大雁求偶追愛成功以後，就像秀玲她們一樣很快的「交性」，就開始爲了現實生活，爲了養育兒女奔波忙碌，爲了一大堆人情世故煩惱操心，就再也沒有閒情逸致的「交情」機會，就再沒有足夠時間建立能夠堅守終生的感情基礎。

先有好「交情」，才有好「感情」

世界上還有一種最讓人欽佩的動物，牠們「交情」的時間比大雁還更久，就是長臂猿，牠們也是終生一夫一

妻制，在牠們成爲夫妻以前，需要經過一兩年時間的「交情」，才能夠結成終生伴侶，才能夠「性交」生育下一代。

相信你們和我一樣，很想知道大雁和金剛鸚鵡以及長臂猿，牠們雖然都是低等動物，卻比我們人類更文明更先進，知道要先「交情」一段時間，等到建立了感情基礎才可以「性交」，才讓牠們不但「有愛」又「有情」。也讓牠們的感情好到了可以生死相許，對不對？

（對，很想知道）

（你告訴我們）

（不離不棄白頭偕老）

我雖然從小就很用心研究感情問題，卻一直不知道世界上，竟然還有被我們人類認爲低等的動物，卻比我們人類更文明的一夫一妻制，才會在幾年前，第一次從報紙上看到金剛鸚鵡，因被迫與伴侶分開茶飯不思，不但感到非常的驚奇，更非常的敬佩，才會將報紙剪下來。

相信你們也跟我一樣感到很好奇，大雁和金剛鸚鵡，又沒有像我們人類有學校讀書，爲什麼會有那麼高的社會道德標準，會有那麼厲害的「情慾」超我自制能力，能夠爲了另一半堅守忠貞，那麼規矩的遵守一夫一妻制。

講到這裡讓我想到了，我老婆從年輕時候一直到現

在，每一次只要從電視上看到，或聽說兩個人才剛認識，就發生像「一夜情」的男女關係，都會問我說：「兩個沒有感情的人，怎麼會有辦法發生關係？」

雖然老婆每一次問我這樣的問題，我都不知道怎麼去回答她，但每一次都會讓我想到了從小一直聽見有人說：「婚姻是一件很神聖的事情」！

所以在我從小的印象裡，一直認爲男女所發生的所有關係，包括兩個人從開始交往談戀愛，一直到了結婚的所有過程，都是很「神聖」的事情。

尤其跟老婆結婚了以後，每一次都以「神聖」嚴謹的心態，去看待我們的關係。

也可能是我一直感覺男女關係，是一件很「神聖」的事情，才會每一次見到女生，都會用很敬重嚴謹的心態去對待，所以讓我這一輩子很有女人緣，不管到那裡都有女生主動追求。

尤其認識老婆的那一段時間裡，身邊總是圍著一堆美女，讓很多人非常羨慕，也讓很多人把我當成情敵。

我應該就是一直認爲「男女關係」是一件很「神聖」的事情，才會跟老婆談了長達六年時間的戀愛，卻一直不敢超越「交情」界線，才能夠讓我們建立了一輩子的良好感情基礎。

　　所以知道大雁須要經過一段時間的「交情」，才能夠結成終生忠貞不移的夫妻，難免心裡想到了，是不是牠們也像我一樣，一直將「男女關係」，當成是一件不敢違反冒犯的「神聖」事情，才會有那麼高標準的「情慾」超我自制力？

　　講到這裡，我想問大家一下，你們有沒有聽說過，婚姻是一件很「神聖」的事情？

　　（好像有，又好像沒有）

　　（廢話，有就有，沒有就沒有）

　　（神聖的事情，是真的嗎）

　　（……）

　　我問一下老師好了，請問老師聽過嗎？

　　（老師說，婚姻本來就是一件很神聖的事情，只是現在比較少人講……）

　　老師說現在比較少人講，我想問你們，大雁和金剛鸚鵡能夠一輩子遵守一夫一妻，是不是有人從小教導牠們，說婚姻是一件很「神聖」的事情，你們知道是誰教牠們的嗎？

　　（是神嗎）

　　（有可能是上帝，因為萬物都是上帝創造的，是上帝規定牠們一夫一妻制）

（應該是神才對）

（應該是基因）

你怎麼會想到是基因？

（科學家不是都說，世界上的每一種生命，都有不同的習性慣性，不都是因為基因嗎）

你真的好棒，你以後不但可以像我一樣愛情如意，將來也應該是一位很有成就的科學家，應該也是一位造福人類社會的哲學家，先給你按個讚！

如果大雁和金剛鸚鵡，能夠做到終生對另一半忠貞不移，是因為牠們基因的關係，那我們人類的先天裡面，有可能是缺少了一夫一妻的基因，才會像我老婆講的那樣，兩個都還沒有感情的人，怎麼會有辦法發生關係。

好，那我們來探討一下，為什麼被我們認為是低等動物的大雁和金剛鸚鵡，生命中有終生對另一半忠貞不移的基因，我們自稱是世界上最高等動物的人類，卻沒有遵守一夫一妻的基因。

到底是從有人類開始就沒有，還是後來發生了什麼問題，有同學知道嗎？

（……）

（愛玩）

（蠶寶寶是不是也有生死相許基因）

（萬物定律，物極必反）

是萬物定律物極必反是嗎？你眞的很有科學精神，這一種關係人類社會那麼重要的基因問題，可能要等到像你這樣俱有天賦智慧的人，才能夠找到問題出在那裡，然後找到根本解決辦法。

人與動物何異？

會讓我始終相信「男女關係」是一件很「神聖」的事情，也是受到了我大哥很大的影響，因爲大我六歲的大哥，一路看他對待男女關係的「濫情亂性」作爲，使我對「神聖天規」更堅信不疑。

也讓我更看清楚兩個人，在完全沒有「交情」的情況下「性交」，人生命運會得到什麼下場。

在大哥十五歲那一年，有一天看他很臭屁的向人炫耀，他和一個大他五歲，住同村莊的女生發生關係。

會特別記得在大哥十五歲那一年，是因爲那一年的七娘媽誕辰（農曆七月七日），我阿嬤叫我到師公壇（道士壇），幫大哥買了一個紙亭（七娘媽亭），說大哥已經成年（虛歲十六），要幫大哥做成年禮。

同學聽過農曆的七月七日，又稱爲七夕，你們知道是

什麼節日嗎？

（是東方的情人節）

那你們知道東方情人節的由來嗎？

（好像聽過，不是很清楚）

我小時候沒有聽過，有人講這一天是東方的情人節，但是每一年的農曆七月七日晚上，都會聽見大人講一個很感人的愛情故事，你們想不想聽聽看？

（OK）

（好啊）

每一年在七月七日的那一天晚上，大人都會指著天上的兩顆星星，說一顆是牛郎星，另一顆是織女星。

說牛郎和織女都是天上的神仙，因爲犯了天規偷情，就像亞當與夏娃偷嚐禁果一樣，被玉皇大帝判他們分開在兩個遙遠的地方，只允許他們每年的七月七日那一天，才能夠見到一面。

然後大人會說，牛郎和織女見到面以後，天就會下雨，說是兩個人一年才能夠見一次面，又要馬上分開回到自己的地方，因爲太過思念傷心難過，說天上下的雨，是牛郎和織女流的眼淚。

我問一下你們，爲什麼亞當與夏娃偷嚐禁果，是違反天規犯了偷情罪，你們知道什麼是偷嚐禁果嗎？

（偷偷愛愛）

（神仙不可以亂搞男女關係）

（未成年青少年發生關係，就是偷嚐禁果）

兩個未成年的靑少年發生關係，是偷嚐禁果，是犯罪的行爲，是這樣子的嗎？

（應該是這樣沒錯）

那你們現在都還是未成年的靑少年，如果你們偷嚐禁果，就是犯了偷情罪，是會被判刑的，應該是這樣子沒有錯吧？

（對呀，是有罪的，是會被判刑的）

（哇塞）（有人要小心了）

對，未成年靑少年偷嚐禁果，是有罪的，但它是屬於告訴乃論，縱使是你情我願發生關係，只要有人去提告，法院照樣判有罪。

應該是從小一直記得牛郎織女的悲情故事，也因爲一直聽說婚姻是一件很神聖的事情，所以心裡會一直有一個警惕：「男女的關係不只神聖而已，更是一項節制嚴明的天規！」

所以看見大哥將和那女生發生關係的事情，當成好像做了一件很了不起的大事一樣，毫不避諱的向人臭屁炫耀，讓我感覺實在很不應該，也讓我從那個時候開始，對

有人談「性事」感到很反感!

　　從此只要聽見有人講「性事」,會很敏感的認為不是一個正常人,不只是一個「好色」之徒,更會認為他的靈魂跟動物有什麼不一樣,尤其看到那一句「人與動物何異」更有感。

　　那時候不只是很難接受,聽見有人講跟「性」相關的事情,包括黃色小說都沒有辦法看,就連黃色笑話,都感覺心裡很不舒服。

　　後來檢討自己一輩子對「性事」敏感,應該也是幫助我一直很有異性緣,很容易得到女生的好感,和讓我跟老婆交往只敢「交情」,以及讓我們夫妻一輩子琴瑟和鳴幫助很大。

　　(在黑板上寫:人與動物何異)不記得是從那一本書上,看到了這一句「人與動物何異」!

　　我那時候還不知道大雁和金剛鸚鵡,和長臂猿都是一夫一妻制,只是自從看到這一句「人與動物何異」以後,心裡會一直想到說,自稱是世界上最高等的人類,和那一些雞鴨貓狗低等動物有什麼差別?

　　也一直感覺大哥對待男女關係,完全違反「神聖天規」的思想行為,跟那一些只逞獸慾的野性動物有什麼不一樣!

不過，只記得腦海裡一直出現這一句話，但忘了是從那一本書看到的，我問一下你們老師好了，請問在那一本書，有這一句「人與動物何異」的話？

（老師說：孟子曾說：人與動物的差別只有一點點。）

隨著年齡增長，經過幾年以後，大哥雖然交往過幾個女生，卻沒有一個有結果，只聽見他不斷的換人，只一直聽見他不減「性致」的向人炫耀「性事」戰功，完全不顧對方的心裡感受，也不管會得到什麼下場。

還是聽不見他跟女生有什麼「交情」話題，還是一直將和女生發生關係，當成他追求人生價值最主要的成就快感，更好像中了毒癮一樣的「濫情亂性」！

大哥眞是暗路走多了必定遇到鬼，在我跟老婆認識第二年，因爲我老婆的關係，認識了跟我老婆同村莊，小我老婆一歲的大嫂。

他們才剛認識第二天，就聽見大哥老毛病又犯，又得意洋洋的向人臭屁，昨天晚上將大嫂帶到了那裡，兩個人怎麼樣發生關係，看他講得口沫橫飛，我卻爲他感到非常難過不安。

大哥這一次眞是踢到了鐵板，才過沒幾天，大嫂就開始吵著要大哥負責，一直吵著要大哥娶她。

從此看他們只要一見面，就開始不停的爭執吵架，完全看不出來是一對談情說愛的男女朋友，比較像是兩個終於等到你的冤親債主。

　　大哥可能知道大事不妙，趕快逃之夭夭，躲到了台北三重堂舅家，跟著堂舅學習磨石地板。

　　躲得了和尚卻躲不了廟，從此大嫂每天帶著她媽媽來到家裡吵，一定要大哥負責，非要大哥娶她不可。

　　父母每天被她們母女吵到受不了，最後叫我搭夜間野雞遊覽車，到三重將大哥找回來，大哥不得不答應娶她。

　　看他們從籌辦婚事開始，一直為了傳統嫁娶習俗和繁文縟節意見不合，更為了需要多少聘金討價還價，讓人感覺完全不像是在辦喜事，比較像是兩個買賣貨物，為了價錢一直談不攏的生意人，並從他們結婚當天晚上開始，幾乎沒有一天不吵架，尤其是為了計較欠錢還債的事情。

　　看他們兩個人從認識開始到結束婚姻，從來不曾見到過恩愛幸福畫面，只看見兩個比賽誰的聲音大，只看見兩個互相攻擊傷害。

　　兩個人結婚才沒多久，就各自向外發展，大哥還是像婚前一樣，像「毒癮」發作一樣的「濫情亂性」，一再跟不同的女生傳出緋聞。

　　都還沒有等到離婚，就跟外面小三生了一個女兒，更

利用大嫂離家期間，又將另一個小三帶回家同居，接著一再上演小三、小王鬧劇！

最後兩個人雖然離了婚，卻依然藕斷絲連三分三合，加上始終糾葛牽扯不清於兩個小三之間，不只讓人當成八點檔的連戲劇，更是一場全家人遭殃的悲劇。

回顧大哥從十五歲開始，毫不避諱的向人炫耀「性事」，到老依舊不改「濫情亂愛」本性，應該是太過於貪色的後遺症，從四十歲開始健康每況愈下！

雖然跟大嫂生有兩男一女，外面也生了兩女一男，最後卻變成一個孤單老人，臨終前獨居三年時間。

在幫大哥辦喪期間，大嫂小兒子感慨的問我說：「二叔，你和我阿爸，都是阿嬤生阿公養的，為什麼我和你兒子的命運差那麼多！」

如果拿我和大哥比較，我們最大的差別地方，應該是我從小比大哥多分心在感情問題，才讓我跟隨年齡增長，持續增進兩性情感知識。

尤其將婚姻和兩性關係，當成是一項「神聖天規」嚴謹大事，才讓我們夫妻能夠像大雁一樣終生「愛情永固」，能夠提供兒女一個健全完整家庭！

而大哥就像很多婚姻失敗，和時下太多「盲愛濫交」年輕人一樣，從小沒能注重感情問題，才沒跟隨年齡增長

持續增進兩性情感知識。

尤其將婚姻和兩性關係，當成追求滿足情慾快感，當成遊戲人間「性趣」，更像野性動物一樣「雜交亂性」，沒能提供兒女一個安心成長的環境！

青春愛對答

Q：什麼年齡談戀愛最適合？

A：人類沒有適不適合談戀愛的年齡問題，會交男女朋友，會跟異性談戀愛，是由身體生理機制不自覺的悄悄進行，並非靠心理意志去決定要或不要的選擇題，主要問題在於懂不懂什麼叫愛情，在於有沒有做好愛情功課，如果不懂愛情，也沒有做好愛情功課，很可能被「愛的魔力」奴隸驅使操弄，盲目的往前衝刺「濫交」，可能得不到一個恩愛持久的愛情，還會終生喪失婚姻幸福家庭美滿權利，因而重點在於「交情」，不能只有「交性」。

Q：爲何有些情侶到最後會以分手收場？

A：情侶會分手有很多因素，如果像你們國中這個年齡交往的情侶，很容易分手是很正常的事，因爲你們還未長大成年，心智還未成熟穩定，很容易受到外在因素影響，尤其沒有經過足夠時間「交情」很快「交性」，那就更容易分手了。

愛情自習教室

以上的故事是否能給你一些關於愛情的思考自習靈感？

✧　_____

✧　_____

✧　_____

✧　_____

✧　_____

✧　_____

✧　_____

✧　_____

✧　_____

| 第三堂課 |

接二連三的異性緣

　　同學午安，今天原本你們老師規劃，請你們事先寫好每一位同學想要問的問題，讓我利用這一節課來回答。

　　可是剛才有幾個同學，希望今天能夠延續上一次，說我從年輕時候很有異性緣，有很多女生主動追我的故事，還有我跟老婆談戀愛的經過。

　　現在由你們來決定，是要回答你們的問題，還是要講我的愛情故事。

　　（講你的愛情故事）

　　（講你和你老婆的戀愛經過）

　　今天要講我的愛情故事是嗎，贊成的請舉手？

　　既然多數贊成，那我們今天就來講我的愛情故事。至於你們已經寫好，想要問的問題便條紙，我就帶回去，以

文字稿來回答你們好嗎？

（贊成）

還有你們老師希望我能夠將經歷過，兩個比較適合分享給你們的個案，將它整理出來印成講義，再跟回答你們問題的文字稿一起發給你們好嗎？

（OK）

麵館美人倒追求，天人交戰啊……

我第一次被女生主動追求，是在初中（國中）畢業的時候，因為家裡沒錢，沒有辦法讓我繼續升學，初中畢業後，就跟著親戚到台北找工作。

那時候在台北市石牌的榮民總醫院，四周還都是稻田，只有在醫院的正門對面，由當地農民開了一家雜貨店，和隔壁一個山東大叔開的麵館，我在雜貨店裡打工當店員。

雖然在雜貨店工作，可以學到很多東西，並且工作輕鬆又吃得好住得好，尤其受到了隔壁山東麵館裡，那一個長相甜美可愛，很像大明星「鄧麗君」的美女追求，我卻只做了一個月就趕快辭職。

講到那一個大明星鄧麗君，被稱是軍中情人，你們有

誰知道她？

（軍中情人，有一點知道）

（知道，她的墓園在金山，我們去過）

那一個山東麵館大美女，眞的長得很像鄧麗君，後來鄧麗君紅了，一直懷疑她是不是就是鄧麗君，很想去求證一下，只是一直沒有去。

自從我第一天到雜貨店上班開始，隔壁山東麵館裡，那一個跟我同年的美女（只知道她的年紀，不知道姓名），就幫了我很大的忙。

我一個鄉下土包子剛來到大都市，感覺自己很像紅樓夢裡的「劉佬佬」進了大觀園一樣，什麼都覺得很好奇，卻什麼都不懂，笨笨呆呆的完全搞不清楚狀況，甚至不懂也不知道怎麼去問。

雖然只是一家雜貨店，規模卻不輸給現在的超市，裡面所賣的東西應有盡有，包括吃的用的，甚至衣服都賣！

尤其開在很有名的「榮總」對面，店內賣的種類眞是多到讓我頭昏眼花，好在有那一個美女的幫忙，她只要有空就來陪我，無論我做什麼事情，她都會很熱心的幫忙。

尤其遇到了難對付的「奧客」，她在隔壁只要聽見有客人對我大聲，她立刻衝過來幫我！

有一次她手裡拿著一把菜刀正在切東西，又聽見客人

大聲對我開罵，她順手把菜刀帶過來，客人見狀嚇壞了，趕緊逃之夭夭。

並且每一天，有時候一天好幾次，拿滷味小菜偷偷從後門送我，雜貨店後面倉庫的側門外，就是麵館後面的空地，她每次從後門送我東西，都會先從前門走進來，叫我幫她開倉庫的後門。

很快被那山東大叔發現，有時候她才剛從後門進來，馬上聽見山東大叔在隔壁大聲飆罵：「他媽的，又偷俺的東西去餵小狼狗，還不給俺滾回來！」

她還是不怕挨罵的每天送好幾次，她不怕，我卻很難接受，不肯再幫她開倉庫後門，她就把東西直接掛在後門把手。

她不只是人長得漂亮熱心，那一顆頭腦更是鬼靈精，任你怎麼拒絕堅持不接受都沒有用，她就是有辦法讓你乖乖拿來吃。

可能也是正在發育長大，每天的食量實在驚人，才剛吃飽很快感覺很想再吃東西，所以每一次她從後門偷送好料過來，心裡和嘴巴雖然一直說不要，食慾卻經不起可口美味誘惑。

有一天更誇張，她貼心的問我最想吃什麼，我只是隨口說「五爪蘋果」，她立刻花了半天工資，向我買了一顆

五爪蘋果，並叫我幫她削皮切好裝袋。

　　看她付完錢給我，手裡提著那一包蘋果，才走出去一下子，很快又轉回來告訴我說：「後面有東西給你！」

　　打開後門，看見門把上面掛著的，正是那一包我才剛削好皮切好裝袋的五爪蘋果，見到了那一包蘋果，尤其吃在嘴裡的感覺，真是所有的感恩感激感動，道不盡心裡對她的所有感謝，因爲那是每天對我誘惑最厲害，每天讓我垂涎三尺的奇珍美味。

　　雜貨店裡每天賣最好的貨品，就是從美國進口，平常人捨不得買來吃，幾乎全賣給有錢人送給至親好友探病用的五爪蘋果。

　　那時候的五爪蘋果價錢，跟一般的水果相比較，實在貴得離譜，雖然不記得當時一顆賣多少錢（論顆賣），卻一直記得買一顆的價錢，就要花掉那美女半天的工錢。

　　不要說平常人買不起那麼珍貴的五爪蘋果來吃，甚至有錢人也都嫌貴，因爲每一個到店裡買蘋果的客人，全都是一付穿著打扮時髦的有錢人，可是他們在付錢的時候，極少數人不對我抱怨說「實在太貴了」！

　　連那些有錢人都會抱怨說，要不是給親朋好友探病，自己才不可能買那麼貴的蘋果來吃，而那大美女卻捨得花她半天的工錢，買了一顆實在貴死人的蘋果請我，讓我心

裡一堆的感動感恩感激，眞說不完道不盡。

那五爪蘋果雖然貴得嚇人，卻每天至少可以賣掉五大箱，自從我來到雜貨店上工開始，從後面倉庫搬出沉重大木箱，再小心的撬開木箱蓋，謹愼的從塡滿木屑堆裡，將細心呵護的五爪蘋果取出來清理上架，是我每天的主要工作。

其實要開啟那緊密封釘，保護完整的蘋果大木箱，是一件很花時間，又很費力氣的工作，必須使用鐵鎚加老虎鉗，再加肉魯（鐵撬棒），每一次撬開木箱蓋，才剛小心剖開最上層的密封油紙，立刻一股濃郁香氣撲鼻而來。

幾乎每天有大半時間，都在處理那些香氣誘人的蘋果，因此心裡一直有一個奢侈願望，希望有一天能夠買一顆蘋果，來滿足一下貪婪口慾，想不到自己的白日夢願望很快實現，因爲「愛的力量」眞的很恐怖！

那時候眞的完全不知道，愛的力量大到什麼程度，當那美女在費盡心思積極追求愛你的時候，無時無刻全心全力呵護照顧你，更不要說不惜花費半天薪水買一顆蘋果送你，甚至可以將她的生命全部送給你。

她一直叫我陪她去逛街，一再要我跟她約會看電影，我不但一直不敢接受，最後更怕到連應付敷衍都不敢，可能因爲心裡一直存在「神聖天規」的關係，才不敢隨便接

受她的邀約。

　　我會在領到第一個月薪水就趕快辭職，是在最後那幾天裡，從老闆娘口中聽到一件事情說：「她不知道用了什麼方法，才讓我公公答應，讓她晚上睡在你隔壁的房間裡！」

　　事後一再回想這一輩子，能夠有節有守的不讓「情慾」鬼打牆，才使得我們夫妻能夠一輩子「愛情永固」，實在也要感恩那一位大美女，讓我了解世界上最大的敵人就是自己，也就是最難自我掌控的「情慾」！

　　自從聽見老闆娘告訴我說，她晚上睡在我隔壁房間裡，開始讓我每天晚上天人交戰，開始讓我的「心與靈」一直陷入無止境的戰鬥裡，因為每一個晚上都讓我的理智和情慾，展開一場要與不要的激烈拉鋸大戰。

　　心裡會不斷的想入非非，會很情不自禁的期待她來敲門，但理智卻一直警告一失足便成千古恨，提醒緊閉門窗不能輕易破功！

製磚工廠身心俱疲時掉進愛的陷阱

　　到台北工作才做了一個月，就被「愛的力量」嚇到辭去工作回到鄉下，剛好遇到家裡遭逢變故。

在我們隔壁村製磚工廠當領班的老爸，不小心被工廠機械創傷，住院治療了三個多月，雖然保住了一條命，傷勢卻始終不見好轉，反而每況愈下。

原本家裡生活就很困難，加上老爸龐大的醫療費，最後不只是沒有錢付老爸的醫療費，更讓家裡的三餐都成問題。

父親受傷住院的時候，大哥剛被徵召入伍當兵，大姐也在年初出嫁，母親又必須留在醫院照顧父親，家裡再也沒有人幫忙賺進任何一毛錢，因此家裡的經濟來源完全斷絕。

雖然父親在上工的時候受傷，是標準的職業災害，可是當時並沒有勞、健保，工廠也沒有能力幫忙父親付醫療費用，因為工廠林老闆和大家一樣，也是出身窮苦人家，也只是勉強苦撐著工廠。

父親見到家裡生活越窮困，看見欠債數字越急速增加，就跟著越著急想要趕快把病治好，想要趕快回到工廠賺錢還債，就越加病急亂投醫，反而使得病情越加嚴重，反而使得家裡欠債越多。

最後林老闆只能夠勉強答應，幫忙受傷當天的手術費，從此我們家必須不斷向人伸手借錢，才能夠讓父親繼續接受治療。

　　鄉下地區大家務農維生，也都一樣貧窮生活艱難，想要借到父親龐大的醫療費，並不是一件容易的事情，必須挨家挨戶一點點拼湊。

　　每天可以看見母親蠟燭兩頭燒的疲於奔命，每天愁容滿面又緊張的趕往醫院照顧父親，又匆忙的四處向人卑躬屈膝，經常看見借不到錢的心急如焚。

　　有一天中午看她空著肚子，頂著大太陽匆忙騎上腳踏車出門，繞了兩個鄉鎮騎了幾十公里路程，雖然找到了六個親戚，卻兩手空空滿臉沮喪絕望表情回來，最後連一毛錢也沒有借到！

　　工廠林老闆很想幫忙我們，於是想到了一個應急變通辦法，讓我這一個家裡年紀最大的孩子，代替父親到工廠當領班，帶領七個男員工和十一個女員工，負責工廠生產線工作。

　　真是一件很天方夜譚的事情，我才未滿十五歲，只是一個還來不及長大的孩子，那裡懂得帶領一二十個員工，去負責那麼重大的工作，但是林老闆說沒有關係，只要肯認真慢慢學習，只要肯努力去做就好。

　　但是林老闆的好意由不得我選擇，因為家裡的困境，以及父親急迫需要的醫療費，並且每天看見急得像熱鍋上的螞蟻，既艱辛匆忙又到處碰壁的母親，只能咬緊牙根接

受林老闆的好意。

　　只好像林老闆講的那樣，慢慢的學習，認真努力的去做，所以從最簡單的工作開始，從打雜和很費力氣的搬運工作做起。

　　我就這樣為了賺取老爸的醫療費，和家裡的生活硬撐了一年多，雖然每天累到精疲力盡，也每天穿著一身髒兮兮的破舊工作服，卻不論是在工廠，或走到了那裡，都會有人說有誰在愛我！

　　更有一天晚上，一個隔壁村的小混混，來家裡把我叫到外面，警告我說：「你再不答應跟xx約會，就不要怪我對你不客氣」！

　　那小混混說的是他堂妹，後來聽人說，他堂妹因為追不到我，回家向他哭訴，找他幫忙，才到家裡來威脅我，強迫我跟他堂妹約會。

　　其實不是我不理她，是每天做那超出年紀負擔的繁重工作，已經累到精疲力盡，那還有精神體力去管誰愛不愛我，人都已經被操到快死了，那還管得了誰要對我不客氣，誰要對我不利！

　　尤其家裡欠債壓得我喘不過氣，父親的醫療費有如無底洞，每天三餐填飽肚子都成大問題，那還會有時間和閒錢，去跟女生約會逛街看電影。

　　還記得在那一段身心俱疲的時間裡，二阿姨每一次見到我，都會眼眶含淚的問我說：「怎麼瘦到皮包骨，像竹竿一樣，你三餐都有吃嗎？」

　　其實我三餐一定會強迫自己多吃兩碗，才有足夠體力上工，因此每餐至少要吃一二十碗的地瓜簽，如果可以在地瓜簽裡面加點白米煮，我能夠把一整鍋的地瓜粥，相當五六個人的分量全部吃光。

　　工廠裡每天都會有一些小販，進來賣一些包子饅頭或肉粽，和各種酥餅之類的點心，大家也習慣在上午十點，和下午三點中段休息時間，買自己喜歡的點心。

　　雖然那一些美味可口的點心，一直對我很誘惑，心裡也一直很想去買它，可是我的經濟能力不允許，除了正常的三餐外，我不可以再多花錢，跟別人一樣買那些可口好吃的點心。

　　我只能夠望著那些美味點心暗自流口水，再不然，我只能夠躲到機器房後面的小房間裡，躲開那一些誘人的點心，也躲開了尷尬的心理。

　　那一天上午又是中段休息時間，我又躲進了那屬於自己的小天堂裡，忽然聽見有腳步聲走進來，抬頭一看是「淑麗」。

　　她是新來的女員工，小我兩歲，個頭不高，臉蛋圓圓

甜甜的，對人很親切，工作勤快，為人也很熱心，上工沒幾天，就跟大家打成一片，很受同事歡迎。

當我抬頭看她的時候，他快速來到我面前做了一個動作，在我手上塞了一顆包子，回頭快速跑了出去。

被淑麗突如其來的動作有點嚇到，一時不知道如何反應才好，甚至連想要推辭都來不及，只有呆在那裡，過了好一下子，還是眼睛死盯著那一顆，隨著陣陣熱氣不斷冒出誘人香氣的肉包子。

自從來到工廠工作，每天到了中段休息，多麼希望自己也能夠和大家一樣，可以如願的買那香噴噴的包子來吃，這個希望過了將近兩年時間，還是只能夠望之暗自流口水。

現在這一個願望，卻有如天上突然掉下來的禮物一樣，它就靜靜的躺在自己的手心裡，可是對這一個禮物，我卻不知道如何是好，是好好的享受它，來滿足一下期待已久的口慾，還是原封不動的將它歸還給它的主人。

過了好一陣子，還是拿捏不定主意，還是只能夠眼睜睜的望著那顆包子躺在自己的手心裡，忽然外面傳來一個聲音：「開工了」！

才心急的將整顆包子塞進嘴巴裡，一口氣將他吞進肚子，不但沒有來得及品嚐到包子的美味，還差一點被噎到

不能呼吸。

自從那一次淑麗送我包子開始，我好像忘記了「神聖天規」，好像掉進了「愛情」的陷阱裡！

因為從那時候開始，我的眼睛一直離不開淑麗，並且每一次跟她眼睛接觸的時候，會感覺不曾有過的全身發熱，會感覺心跳莫名的加速。

也自從那一天開始，每天到了中段休息時間，淑麗一定會多買一份點心，送到我的小天堂裡，陪我一起享用，陪我聊天，逗我開心。

因為有淑麗的關係，我的苦難人生好像忽然改變了，那一些每天令我煩惱的壞心情，好像完全消失得無影無蹤了，一直萎靡不振的精神，也忽然被喚醒復活了過來，感覺每天體力充沛精神百倍。

淑麗的家就在工廠裡面，他們向工廠租用魚池放養小鴨子，等小鴨長大到了可以放養的時候，就將它們載到台灣最南端，一路跟隨稻作收成從南到北遷徙，他們就像電影演過的養鴨人家。

淑麗不只是每天幫我買點心，有時候也會從家裡帶來鴨肉，並且每天下班以後陪我走路回家，不論出大太陽或下雨天，她都貼心的將我送回到家。

淑麗會那麼費心送我回家，是因為知道我之前，曾經

有過體力不支半路跌倒，所以堅持每天送我回到村莊，自從淑麗陪我一起回家後，就再也沒有發生過路倒意外。

從此我們天天在一起，如果不小心受了傷，她就細心的幫我擦藥包紮，當受到同事欺負的時候，她就極力的維護幫我。

當我心情不好鬱悶難過，她總是守在身旁默默陪伴，或努力安慰，或用盡各種方法鼓勵，直到我開心。

有一天傍晚在家裡庭院，看見西下的夕陽，像極一顆火紅的大圓球，忽然想到曾經聽人講過，對著火紅夕陽許願，可以心想事成，於是對著夕陽許願說，願能夠和淑麗相親相愛。

雖然跟淑麗在一起的時間很快樂，並且每天相廝守一起，卻不曾出現像對山東麵館大美女，那樣的理智與情慾爭戰。

應該是受到了婚姻「神聖」念頭的影響，也一直沒有辦法擺脫「天規」的心理障礙，才錯過了好多次和淑麗進一步的機會，才能夠很自然的和她，始終保持溫馨友誼的好「交情」。

有時候心裡會不禁感覺淑麗，她是上天派來的小天使，好像是上天可憐我的遭遇，特地派她來幫我加油打氣鼓勵安慰。

我和淑麗快樂地相處了四個多月，又到了夏天農作物收成季節，她們全家搬到了南部，跟隨稻子收成一路往北遷徙放養鴨子，她也辭去了工廠工作，從此完全失去了音訊。

可能每天工作太過疲累，並沒有心思去感覺淑麗離去時候的心情，也一直感受不到失戀是什麼感覺！

貌美四仙女齊聚我的小天堂

淑麗離去的時候正值農忙期，同時又有三個女員工，爲了幫忙自家田裡的工作離職，三堂叔幫忙在隔壁村莊，找來了四個既年輕又貌美的女生，遞補了淑麗他們離去的空缺。

當這四個女生來到工廠以後，廠裡忽然變得非常熱鬧，每天都有一堆鄰近村莊的年輕小伙子，被她們的美貌吸引了過來，其中包括那一個強迫我跟他堂妹約會，並「嗆聲」對我不客氣的小混混！

這一大群精力旺盛的年輕人，一有空閒時間盡往工廠裡跑，就像蜜蜂見到了盛開的花朵一樣，一窩鋒的被吸引了過來。

雖然沒有影響到了工作進度，卻爲我帶來很大的麻

煩，甚至引來太多意想不到的無妄之災。

　　因為那些年輕人，看見每一個女生，全都對我溫柔體貼百依百順，對他們這一些緊追不捨的帥哥，卻始終不以理會，當然把我直接當成情敵，甚至有人對我撂下狠話，說要拿土製炸彈炸死我。

　　雖然也會害怕會擔心，卻沒有心思去管那麼多，因為每天累到都快去見「閻羅王」了。幸好一路走來，不但沒有發生過意外，更讓我遇到了「眞愛」！

　　自從淑麗離去以後，每天到了中段休息時間，我又恢復孤單寂寞的躲到了機器房後面的小天堂裡。

　　但是這一次讓我孤獨的時間並沒有太長，那四個美女來到工廠的第五天，就全部闖進了我躲避尷尬的小天堂裡，全都一起擠進了那個小房間裡來。

　　第一個進來的是我老婆，他手裡拿著一顆肉粽，輕聲的對我說：「聽說有一個叫淑麗的，一直對你很好，是眞的嗎？」

　　她一邊說著，一邊將手上的粽子送到我面前，接著很客氣的對我說：「請你吃粽子，好嗎？」

　　本來準備回答她說：「謝謝不用了！」

　　可是當我抬頭看她的時候，卻忘了自己想要講什麼，因為我好像被雷電打到一樣，不只全身僵硬動彈不得，甚

至連一句話也講不出來。

　　事實就是那麼的奇妙，當我與老婆眼睛相對的時候，整個身體起了一陣強烈感覺，那一種瞬間而來的強大震撼感覺，幾乎快讓心臟停止跳動，更感覺頭部麻木，感覺整個人僵死在那裡。

　　老婆也好像被我突如其來的舉動嚇到，也一直表情呆滯的愣在那裡，也好像一付動彈不得的樣子。

　　我跟她一直四眼相交僵持不下，過了好一下子，才被另外三個女生，進到小房間來打破僵局。

　　其中一個名叫「阿蘭」的說：「我就說不可以嘛，那有這樣子隨便送人家東西，人家哪好意思接受！」

　　另外一個名叫「阿妍」的也附和著說：「對嘛，我也說不可以這樣子，你們偏不聽！」

　　又有另一個名叫「金定」的說：「還是試試我的辦法好了！」

　　金定很認真的看了我一下，才接著說：「我的辦法就是，我們先認他做乾哥哥，如果他答應當我們的義兄，我們就是他的妹妹，然後兄妹互相照顧，兄妹互相送東西就沒問題了，你們說這一個辦法好不好？」

　　當金定解釋完辦法，都還沒有經過大家表達意見，更沒有經過我的同意，除了老婆好像被我驚嚇到，還一時沒

有辦法回過神來，還一直呆呆的站在原地不動外，其餘三位美女，一起推擠著向我靠過來，並且緊拉起我的手，一起親切的喊叫哥哥！

一切來得太突然了，剛開始被老婆的眼睛電到，頭腦都還沒有清醒過來，接下來又被一堆美女，包圍著親切叫哥哥，除了心裡感覺受寵若驚外，其他的腦海裡一片空白。

自從被她們四個美女喊叫哥哥以後，才敢正眼和她們面對面，也才仔細看清楚他們的樣貌。

她們四個果然都很漂亮，每一個各有特色優點，也都很迷人，難怪鄰近村莊的年輕人，會一天到晚盡往工廠裡跑，更把我當成情敵。

她們四個當中最亮眼，也最多年輕人追求的對象，就是我老婆，連林老闆讀大學的妻弟，也鎖定我老婆為追求目標，很用心的對我老婆寫情書。

真是上天可憐我家庭遭逢巨變，憐憫我身心正遭受嚴苛折磨試煉，可能怕我支撐不下去，才派遣那可愛的小天使淑麗，每天用心的陪伴照顧，安慰鼓勵了我一段時間。

淑麗才剛離開不到幾天，上天又派來了四個天仙美女，尤其讓我最心儀的老婆，在我人生最為低潮的時候，適時鼓舞了我的信心和勇氣。

　　老婆給我的每一個關愛眼神，都適時的撫慰鼓舞著，那孤立無援又疲累不堪的身心，老婆對我的溫柔體貼，讓我深深感受到什麼叫「真愛」！

　　和老婆她們四個美女，每天都在一起，上班的時候，大家歡喜快樂的互相照顧，不上班放假的時候，她們會大包小包，買來吃的用的帶到家裡來。

　　那時候父親常常住院，母親要到醫院照顧父親，又要忙著四處借錢，家裡總是亂七八糟的一團亂。

　　她們來到家裡以後，會幫忙整理家務，會幫忙煮飯洗衣服，更會陪伴弟妹們遊戲玩耍，一起分享他們帶來的小點心，把原本冷清死寂的家裡，弄得朝氣蓬勃，讓人感覺無限的溫馨幸福。

　　自從和老婆他們在一起以後，實在令很多人羨慕不已，尤其那一大群始終徘徊工廠的年輕人，更有人不斷請教我追求美女的秘訣。

　　叔叔和嬸嬸們和工廠的同事，也總是問我同樣一個問題說：「有那麼多美女愛你，你要選那一個？」

　　我對這樣的問題全都回答不知道，要不然就是對他們說：「那一個到最後還沒有嫁人，我就娶那一個！」

　　但是在我的心裡，早就選定了老婆是唯一的對象，並且我們也背著大家，偷偷的談戀愛！

我們雖然背著大家偷偷談戀愛三年時間，中間也不斷
遇到太多現實問題，也發生了太多困難應付的人情世故，
卻都還能夠讓我們維持戀情不變，慢慢讓我對老婆很感動
也很感恩。

　　因為在我們偷偷談戀愛的三年時間裡，雖然不曾聽老
婆對我親口表白過，卻一再聽幾個義妹告訴我說，有幾個
條件比我好太多的男生追求她，和她們家人親戚一再安排
相親，卻全都被老婆拒絕。

　　並且在那一段時間裡，我們家窮到了連三餐都有問
題，她們家雖然不算大富大貴人家，跟我們家比較至少強
過好幾倍。

　　但她不但不曾嫌棄我，還怕我自卑，一直找理由讓我
下台階，一再幫我加油打氣，心裡除了感到溫馨幸福甜蜜
快樂，更一直對她感到無限的感動和感恩。

青春愛對答

Q：如何成熟的結束一段感情？

A：維持不久的感情，稱不上眞「感情」，縱使一段值
得回憶的好感情，因家庭長輩不同意或環境等因素
而被迫分開，雙方難免感到痛心難過遺憾，可是，
就是這樣，沒有失敗就不會有成功，感情也是這
樣，只要將它當成一次人生的試煉經驗，只要將它
當成上了一次感情課。

Q：如果朋友很「腐」我要如何面對？

A：世界上的每一個人，多少都會表現一些與大多數人
不同的行爲習慣，如果你的朋友是一個很「腐」的
人，你也沒有辦法去幫他什麼，只能夠將他當成一
般正常朋友看待。

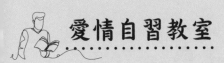

愛情自習教室

以上的故事是否能給你一些關於愛情的思考自習靈感？

✧ _____

✧ _____

✧ _____

✧ _____

✧ _____

✧ _____

✧ _____

✧ _____

✧ _____

| 第四堂課 |

冰山美人的哀愁與誘惑

　　跟老婆戀愛談了三年以後，入伍當兵九個多月，部隊駐在台北的淡水，由於負責連上的機械和車輛保養，連長讓我在營區大門旁的停車場裡面，靠近側門位置，利用一部傾卸大卡車當成工具間，並在裡面使用三個卡車坐墊，克難式的拼湊成一張單人床，方便我晚上睡在這裡。

　　有一天傍晚，看見五六個大門口衛兵，慌張的衝過工具間前跑向側門，等他們回來，我好奇的問爲什麼，他們回答：「看美女！」

　　難怪被人叫「豬哥兵」，那時候流行一句話說：「當兵三年母豬賽貂蟬」，意思是說當兵太久不近女色，耐不住孤單寂寞，連母豬都被當成是古代的四大美女貂蟬！

　　接下來連續一個多月，眞的有夠誇張，不只是大門

口的衛兵，連營區裡的幾個帥哥和預官，每天固定傍晚時間，都會有一群人慌張的衝往側門，剛開始是說為了爭看那美女，後來又說是為了追那美女。

　本來就好奇的想跟著去看一下，那美女到底長得有多吸引人，才讓這一大群豬哥兵，連續一個多月來那麼瘋狂。

長官派我來追妳，今晚要達成使命

　那天傍晚才剛晚餐回來，大門口衛兵杜明福來找我說：「長官要我請你出馬，要你幫我們營區爭回一個面子，說非要你追到那美女不可！」

　我莫名的問他為什麼，他說：「那一個不輸電影明星的大美女，每天傍晚都會固定六點，從我們營區門口經過走向側門，已經有一個多月了，卻一直沒有人能夠追到她，實在讓人很生氣，也很不甘心。

　雖然她長得那麼漂亮，卻一直把我們當成空氣，跟她打招呼完全不回應，甚至用再多的方法激她，也一點點反應沒有。

　讓我們拿她一點點辦法沒有，也無論那一個英俊帥哥她都看不上眼，想要追到她真的比登天還難！

我們實在很不甘心，特別請出那幾個有學問又帥的預官，甚至那一個口才一流，長相不輸給明星的政戰士出馬，還是被她掠到一邊涼快去，甚至連看他一眼都不肯，真的讓大家很不服氣！」

被杜明福說得有點心動，並不是認為自己長得夠帥夠條件，有信心去追到那美女，實在是因為好奇，才答應去試試看。

當天晚上由杜明福陪同，很快在街上找到那美女，看她緩步悠閒從容的獨自散步在街上，果然面貌姣好身材高佻長髮飄逸，真是一個魅力十足的氣質美女，難怪讓全營區的豬哥兵為之瘋狂。

可是看她那一雙拒人千里之外的冷酷眼神，就了解杜明福說她雖然人長得漂亮，卻一直對人冷若冰霜，甚至將所有愛慕她的豬哥兵當成空氣！

自從每一次見到女生，不管是老的小的，只要看她面帶憂傷無辜無奈表情，心裡都會生起「生為女人何其無辜」的憐惜心！

因此看見那氣質美女，看她的年紀，應該是一個享受青春年華快樂的女生，卻在她美麗的臉龐上，很不搭的出現一付有苦無處訴的憂傷表情，心想到底她遭遇到了什麼重大事故，才讓她變成如此一個冰山美人。

不由得觸動我對女生的憐惜心，才讓我一時反應不過來，真不知道怎麼去面對她，是靠過去關心問候她，還是知難而退的默默離開。

　　本來已經打定主意，還是不要自不量力，還是不要去煩她好了，可是心裡卻好像有一個聲音告訴我說：不要輕言放棄！

　　意思好像是說，既然來了，最起碼也要拿出勇氣試一下，說不定會有意想不到的結果。

　　卻又不敢貿然靠上去跟她打招呼，才會不知不覺的跟在她後面，默默的走了一段路，離開街道後又走了差不多三分鐘，來到了一個小叉路口。

　　她停下腳步猛然回頭，用很憤怒的眼神盯著我，並大聲的獅吼：「你一直跟在我後面，想幹嘛！」

　　看她很生氣的樣子，覺得自己實在很不應該，本來想跟她說對不起，卻開口直接對她說：「我被長官派來追妳，今天晚上非追到妳不可！」

　　講完覺得自己好幼稚，也覺得自己真的好糗，怎麼會那麼直白，真是白痴智障一個。

　　本來做好心理準備，準備讓她對我發飆臭罵一頓，她卻反而不罵，只用很嚴肅又凌厲的眼神緊盯著看了好一下子！

她那看我的凌厲眼神，很像要一眼看穿我對她有什麼企圖心，也很像法官在審判犯人一樣，我只能夠乖乖的站在那裡，等待她做出最後的判決。

最後她不但將嚴肅表情改為親切笑容，聲音也改成柔和的問我說：「你要用什麼方法追到我？」

我想了一下很快告訴她：「如果可以讓我知道妳住的地方，我會每天晚上到妳家門口站衛兵，一直追到妳為止！」

她又對我笑了笑，好像笑我不可能達成任務，但她卻很大方，指著小路斜坡上去的一個老舊紅磚小屋說：「我就住在那裡！」

美麗冰山底下總是哀愁

於是鄭重其事的告訴她：「我會每天晚上七點，準時到你家門口站衛兵，一直追到妳為止！」

跟她說再見以後，回頭卻找不到杜明福，當我回到營區，看見他神情驚慌的在我寢室裡。

問他什麼時候回來，他聲音有點顫抖的回答說：「她的眼睛好像要殺人一樣，看她很生氣的大聲問你，一直跟在她後面想幹嘛，我真的被她嚇到了，趕快跑回來，準備

找人去救你！」

　　第二天晚上準時七點，還沒來到那小叉路口，就遠遠看見她面帶笑容的站在路燈下，好像早已等在那裡，看她對我熱情迎接模樣，就像很久不見的老朋友一樣，並對我展示手上一包為我準備的小點心。

　　然後帶我來到附近一個木材堆置場，我們坐在大原木上，一打開話匣子就沒完沒了，很像兩個失聯多年的知心好友，永遠有聊不完的話題。

　　接下來我們營區固定每個禮拜二的莒光假日，她特地向公司請假，帶我來到三芝海邊，一個簡陋的茅草屋裡。

　　看她裡裡外外仔細檢查了整個茅草屋後，才聲音有點感傷的對我說：「這一個小木屋，是我和男朋友撿拾海邊漂流木，和割取沙丘上的茅草搭蓋，自從跟男朋友分手了以後，就沒有來過這裡了！」

　　接著她緊盯著我看了一下才說：「你是我這一輩子遇見過，唯一讓我感覺很不一樣的男人，所以帶你來這裡，就是想要讓你知道，我為什麼會變成一個冷血無情的人！」

　　我好奇的問她，我有什麼讓她感覺不一樣的地方？

　　她想了一下子，才好像心事重重的回答說：「其實那一天晚上，知道有人在後面跟蹤我，讓我生氣到了就快爆

炸，生氣到了想要殺人，可是當我回頭看見是你的時候，卻不知道為什麼原因氣全消了！」

難怪那一天晚上杜明福會被嚇到，會趕快跑回營區準備找人來救我，原來我認為在人來人往的街道上，很平常的走在別人後面，竟然會嚴重到讓她生氣到了想殺人，實在讓我感到很意外，也感覺很對不起。

她想了一下才又緩緩的說：「那一天晚上看見是你的時候，不但一下子怒氣全消了，反而讓我有一點想哭的感覺，只是強忍住才沒有哭出來，才趕快對你笑，想化解心裡的尷尬！」

接著她反問我說：「你身上好像有一種魔力，你知道嗎，你身上的那一種魔力，會讓人忍不住想哭，會讓人想把心裡的秘密告訴你，也會有一種想要向你求救的奇怪念頭！今天才會帶你來這裡，目的就是想要讓你知道，我一直不敢對人說的過去，是想要讓你知道，一直埋在我心裡的秘密！」

她說我身上好像有一種魔力，會讓人想哭，會讓人想把秘密告訴我，也想要向我求救，那時候不只完全不知道，更好奇我身上的魔力是什麼，第一時間所想到的答案，是神佛在我身上顯靈。

好像過了中年以後，才知道只是很平常的惻隱之心，

也是每一個人身上都有的第六感，只是反應自己的下意識潛能。

因為那時候從她極度憂傷的眼神裡，好像看到她遭遇到了什麼重大難關，才激發起「生為女人何其無辜」的憐惜心，心裡也才會出現一個聲音告訴我說：不要輕言放棄！

她又沉思了好一下子，才表情凝重的說：「我們家原本住在基隆，在我四歲那一年，因為父親賭博輸了很多錢，還不了賭債，才把我當成賭債賠給人家。

贏我的養父，是一個職業賭徒，沒有結婚也沒有家人，只有那一天晚上你看見山腰上，那一個老舊的紅磚小房子。

養父把我帶來以後，就把我自己一個人，丟在那一個沒水沒電的老房子裡面，如果賭博輸了，或被警察抓去關，就會連續好幾天，有時候會有好幾個月，我就一直沒有東西吃。

養父又不准我父母來看我，如果被知道我父母來看我，還是我偷跑回基隆，被捉回來會被打到半死！

也不准鄰居送我吃的東西，最後只能夠讓我變成一個沒有人敢靠近的野孩子，只能夠讓我變成小偷，到處偷人家的東西，或到田裡去偷水果，還是偷挖地瓜來生吃。

如果被人發現我到他們家偷東西，大人都會假裝沒有看見，不會對我怎麼樣，可是小孩子會嘲笑我，說我是一個沒父沒母沒有人要的野孩子，更會把我當成戲弄玩耍欺負的對象。

並且你也知道，我們住的山上地方，一年有大半時間都在下雨，尤其冬天的時候，每天都很冷。

我在那裡從四歲到十五歲，一直沒有離開過那個老房子，不但下雨天到處漏水，也不曾蓋過一次棉被，晚上只能夠學那些小狗小貓，鑽進雜物堆裡取暖，更不曾背過書包上過一天學校。

在十五歲那一年的一個晚上，養父喝醉酒回來，想要強暴我，可是他的力氣沒有我大，才沒有被他性侵。

第二天晚上，養父帶回來兩個男人，三個人合力將我強暴輪姦，再拿繩子將我綑綁起來。

聽見他們一邊喝酒，一邊討論等明天天亮以後，要將我賣到妓女戶去，我趁他們熟睡，掙開繩子趕快逃走。

逃跑了以後，又不敢回基隆找父母，只好四處流浪，最後在北投一家紡織廠找到工作，也才有機會上學讀書。

去年和相戀三年多的組長準備結婚，男朋友父母堅持要按照傳統習俗，要找養父提親，養父不但故意刁難，還無理堅持要男朋友入贅，說他沒有家庭，老了沒人依靠，

更將被他們強暴輪姦的事情，當面告訴男朋友父母。

男朋友的家庭，是一個很單純又重視傳統的人家，男朋友也是家中唯一的男孩，又是一個大學畢業生。

最後他父母親不得已，才強迫男朋友跟我斷絕來往，男朋友最後只能夠聽父母的話，開始逃避不敢見我，後來乾脆辭職離開公司，我們已經有一個多月沒有見面了！」

真的好慘，越聽心裡越難過，真的不知道怎麼去形容當時心裡的難過，難怪會讓她看人的眼神那麼冷酷無情，也難怪會讓她的臉上，一付有苦無處訴的憂傷無奈表情。

當她講出一直埋藏心裡的祕密，尤其連男朋友都不知道的痛苦成長過程，最後表情和眼神非常的嚴肅冷酷，並且聲音淒厲的高喊：「不要讓我找到，一定跟他同歸於盡！」

情慾與真愛在靈肉交界處激戰，誰輸誰贏？

等她情緒稍微和緩以後，才問她：「要跟誰同歸於盡？」

她才說這一次回來，不是住在那天晚上告訴我的那一個老舊房子裡，因為那老房子破舊不堪，沒水沒電沒有辦法住人。

她是住在那老房子附近，一個從小很照顧她的阿婆家，那阿婆的兒子都在台北，家裡只剩下阿婆自己一個人，阿婆叫她晚上跟她一起睡。

她說本來準備一了百了，自己了斷不堪回首的一生，但心裡還有很大的不甘願，這一次回來的目的，是要找害她人生這麼悲慘的義父同歸於盡！

真的被她嚇到了，尤其想到了那天晚上跟在她後面，並且聽她講出準備跟養父同歸於盡時，一副要殺人的淒厲眼神，實在讓人看了背脊一陣發涼。

也才終於瞭解，為什麼營區裡面，有那麼多英俊瀟灑大帥哥，全都讓她看不上眼的原因，因為在她的心裡對男人充滿了仇恨，包括她自己的親生父親，尤其三個害她人生無路可走的渣男。

經過了好一下子，她才好像有點回復情緒，才問我說：「你有沒有被我嚇到，還敢不敢追我？」

我隨口回答說：「我只是被派來追妳，又不是真的⋯⋯！」

講到這裡，感覺自己有點太不近人情，趕快改口說：「只要我們能夠在一起一天，希望能夠帶給妳一天快樂！」

接下來每一次的莒光假日，她都會向公司請假帶我到

處玩，幾乎走遍了整個大台北的風景區，實在讓營區的弟兄羨慕不已，都希望我能夠將她帶進營區，介紹給大家認識。

營區弟兄每一次見到她，簡直就像粉絲見到明星偶像般瘋狂，全都『如痴如醉』誇張表情，全都將她當成自己的愛人熱情招待，她也完全改變對人視而不見的冷漠，也都能夠大方的跟大家打成一片。

每一次都會仔細觀察她的臉上，不但不再見到冷酷眼神，也不再出現哀傷憂鬱表情，好像改變了讓她痛不欲生的壞心情，也好像忘了想要找她養父同歸於盡的想法，也讓整個人變得更開朗樂觀，也變得更美麗動人，更有氣質魅力。

我可能因為一直存在「神聖天規」的心態，雖然我們在大家面前，她總是小鳥依人的緊靠在我身上，也會很自然的將我的雙手拉高抱在她的胸前，表現出一副如熱戀情人般的親密。

也讓大家一直誤會我們，已經發展到了男女親密關係，可是我們私底下的相處，始終保持純「交情」的友誼，不但不曾發生過男女關係，也從不觸碰到對方的身體，更不曾牽過她的小手。

甚至我們認識將近三個月後，她更對我提出一個要

求，說今天晚上可不可以讓她跟我一起睡在我的房間裡，說那阿婆到台北找她兒子，今天晚上不回來，她自己一個人不方便住在阿婆家。

雖然我們接下來將近一個月時間裡，她有五個晚上都跟我擠在卡車工具間裡面，那一張克難拼湊的單人床上。

我們不但從來沒有發生過超友誼，甚至連我的手，也一直沒有摸到她身上的任何地方，只應了她的要求，讓她挽著我的手入睡。

尤其她有一個習慣，晚上睡覺一定要脫到僅剩內衣褲，雖然我們每一個晚上，全都赤裸大半身體緊貼在一起，也都能相安無事的很快入睡，也都能夠一夜好眠到天亮。

一對正值年輕氣盛的孤男寡女，尤其兩個人赤裸著大半身體緊貼一起，擠在一個小小的單人床上睡了五個晚上，告訴人家說我們沒有發生過男女關係，打死都不會有人相信。

尤其又是一個讓大家視為「女神」的氣質大美女，如果說我始終對她保持心如止水，一直不對她起心動念是不可能的，只是每當「情不自禁」的時候，很快又被理智的冷水給澆熄。

因為我不可以做出違反「神聖天規」的事情，更不

可以對不起「真愛老婆」，才沒有被「情慾」衝昏頭破了功。

並且在當兵那一段時間裡，利用機會讀了很多感情方面的書，尤其從「萬惡淫為首」這一句話裡面，深深體會到了人生成功與失敗的關鍵，就是能不能夠通過「情慾」的大考驗。

最後我們是怎麼結束這一段，被長官指派追女朋友的超我「情慾」大考驗，並造成我往後日夜牽掛的情緣。

是有一天半夜，營長來敲我的門，他拿手電筒照我的床舖，我問營長：「報告營長，有什麼事嗎」？

營長笑著說：「我來看你一個人睡覺，還是兩個人睡覺！」

還好那天晚上她剛好有事沒來，說三天後才會回來。

隔天半夜換成是營輔導長，還沒有等我開門，他就迫不及待的將手電筒直接照向床舖，我急忙向輔導長報告。

雖然營輔導長沒有開口說什麼，並且很快離開，卻看他滿臉嚴肅表情！

三天後她回來，我將營長和營輔導長半夜查舖經過告訴她，當天晚上她就沒留下來過夜了。

不但從此不再來營區看我，在街道或路上，也沒人再見過她，好像從此人間蒸發一樣，後來才打聽到消息，早

已搬離開山上，至於搬到了那裡沒人知道。

　　退伍後的每一年，再忙也一定撥空回淡水山上一趟，每一次都找到營區大門右邊，第一家雜貨店老闆的大女兒，曾經送給我一件她自己手勾毛線衣的阿女，每一次都得到相同答案：不曾見過！不知去向！也沒聽說！

　　接連持續了十一年時間不曾中斷過，最後一次阿女才給了不同答案：「聽說已經嫁人，只有這個消息！」

　　大約十年前，退伍以後三十多年來，一直保持連繫的連上弟兄陳期村，開車載我回到淡水山上，看見那早已荒廢的營區裡，漫草叢生，大門右邊的雜貨店，也早已人去樓空。

　　特地來到側門旁，看那整排百年老榕大樹依然枝葉茂盛，仔細尋找自己住了兩年多的位置，已被凌亂土石雜草完全覆蓋，再也見不到從海邊運回貝殼沙，舖設成舒適溫馨如海邊潔淨沙灘樣貌。

青春愛對答

Q：兩個「好人」，為什麼沒有「好婚姻」？

A：輔導過太多案例，以各方面來說，兩個都是「好人」的夫妻，但是兩個人沒有經過足夠時間「交情」，婚前沒有建立穩定婚姻的感情基礎，兩個人只因「性」而「婚」，婚後又不知道怎麼去經營好夫妻感情，在不懂得處理化解感情問題的情況下，沒有「好婚姻」當然很正常。

Q：如果遇到同性戀的人，我要如何與他（她）相處？

A：遇到同性戀朋友，千萬不要有分別心，更不要有歧視心理，要將他當成一般正常人看待和相處。

愛情自習教室

以上的故事是否能給你一些關於愛情的思考自習靈感？

◈ _____

◈ _____

◈ _____

◈ _____

◈ _____

◈ _____

◈ _____

◈ _____

◈ _____

| 第五堂課 |

逃家，愛情與麵包的兩難

　　九十六年的農曆過年初六那一天，我們邀請玉梅一起回到鄉下，參加堂弟的新居落成，晚上來到台中玉梅家裡過夜。

　　晚間近十一點洗完澡，剛從三樓下來，看見玉梅讀國小三年的外孫女，正在客廳裡講手機，她講完電話後，樣子很著急的告訴玉梅說：「媽媽說她身上沒有穿衣服，說她很冷！」

　　玉梅聽見孫女告訴她的話以後，不但沒有做出任何表示，也沒有回應孫女什麼話，只看見臉上出現一副極為無奈表情。

　　只有自顧自的處理著客廳上，那一大堆我們剛從鄉下撿拾回來，還壓壞我車後輪一支避震器，準備用來晒蘿蔔

乾的白蘿蔔。

　　我不知所以然的問玉梅說：「淑娟又發生了什麼事？」

　　玉梅還是保持一號表情的回答說：「還不是夫妻吵架！」

　　接著玉梅又說：「剛才淑娟打電話回來，說晚上又出去喝酒，回到家就又開始大吵大鬧，就又一直亂淑娟，一直不肯讓她睡覺，後來淑娟只好趁著他不注意，逃到外面躲起來。剛才我叫孫女打電話問她躲在那裡，要不要緊！」

　　接著玉梅的孫女，神情緊張的告訴我說：「台北阿公，我告訴你哦！我媽媽說她身上都沒有穿衣服，說她很冷哦！」

　　玉梅長長的嘆了一口氣，接著補充說：「每一次只要喝酒，回家就又開始發酒瘋，就又開始凌遲淑娟！」

離婚之後會不會再找下一個男人？

　　玉梅萬般無奈的講完以後，又繼續做她的工作，又自顧自的處理著她手上的白蘿蔔。

　　看見登財聽見外孫女的話，也只是一副無能爲力的木

訥表情，也只有痴呆的坐在那裡泡他的茶，也完全沒有做出任何反應。

我實在有一點看不下去，口氣有些嚴厲的指責玉梅說：「發生這麼嚴重的事情，妳還有心情管那些蘿蔔！」

玉梅萬分無奈的反問我說：「不然又能夠怎麼樣！」

我按捺不住情緒的說：「天氣這麼冷，身上又沒有穿衣服，不怕被活活凍死，又是一個人跑出去，也不知道躲在那裡，會不會有危險！趕快打電話問一下，問她躲在那裡，要不要幫她送衣服過去，還是開車去接她回來！」

玉梅也才有一些著急的說：「剛才就是叫孫女打給她，問她人在那裡，她只有說媽媽身上沒有穿衣服，說她很冷！」

於是我問玉梅的外孫女說：「妳媽媽有沒說她躲在那裡？」

她孫女還是表情慌張的回答我說：「媽媽一直不說她在那裡，一直問她，她一直不說在那裡！」

我也有一點慌亂的催她說：「妳趕快再打給媽媽，問她人在那裡，問要不要送衣服過去給她，還是開車去載她回來！」

於是玉梅的孫女又趕緊拿起電話，又撥打淑娟的手機，連續打了好幾次，一直打不通，玉梅也緊張的用她的

手機打給淑娟，也一直打不進去，後來登財也忍不住打他的手機，還是一直沒有辦法接通。

接下來我們一群人，開始急得像熱鍋上的螞蟻一樣，在客廳裡七嘴八舌的著急慌亂，登財與玉梅和他孫女三個人，一直輪流打手機給淑娟，也一直沒有辦法接通！

一群人試過了所有方法，全都沒有辦法連絡上淑娟，也不知道她躲在那裡，想出去找人，也不知道從那裡找起，真把人給急死了！

大約過了一個小時，才看見淑娟自己回來，看她身上穿著保暖衣服，手上更抱著一件厚重大衣，大家才放下心中大石頭。

看見淑娟一副疲憊不堪極端不安模樣，我急忙問了她一大串問題說：「妳不是偷跑出去躲起來，妳整個晚上都躲到那裡去，怎麼不回到家裡來，妳不是說身上沒有穿衣服嗎？」

淑娟趕忙向我解釋說：「我只是躲在家裡的雜物堆裡，因為怕他發現，才不敢接電話，只好把手機關掉！」

接下來淑娟神情有些慌張的繼續說：「他整個晚上像瘋子一樣，一直跑進跑出的到處找，剛才趁著他騎車出去，趕快回到房間裡拿衣服，趁著他還沒有回家，趕快偷跑出來，也不敢走大馬路，怕被他抓到！」

淑娟一邊講話，一邊不安的盯著大門看，這時候玉梅口氣也有一些著急的對淑娟說：「趕快躲到樓上去，一定會找到這裡來，不要被他發現妳回到家裡，不然又要被他吵到天翻地覆！」

於是淑娟簡直像逃難似的，又匆忙又慌張的往樓梯口衝去，玉梅還有登財和他們的孫女，以及我們夫妻兩個人，也一起緊跟在他們後面，一群人全都慌張的衝到了三樓來。

等到大家坐下來以後，才感覺氣氛有一點緩和，能夠心平氣和的講話，這時我有一些不明狀況的問淑娟說：「事情怎麼會變成這樣，妳們夫妻到底發生了什麼問題？」

淑娟看似萬般無奈，好像心裡有太多難言的苦衷，臉上有些不知從何講起的難堪表情，只有呆呆的痴望著我看了好一陣子，一直沒能夠回答我的問題。

又過了一下子，玉梅才代替淑娟回答說：「已經很久沒有工作了，只會每天喝酒，又常常無緣無故回家亂淑娟，常常晚上不肯讓她睡覺！」

玉梅又長長的嘆了一口氣，才又接著說：「一個男人吃不了苦，一直不肯好好的去工作，一直不肯負起家庭責任，只有靠淑娟自己一個女人，沒日沒夜不停的拼命加班。

又不懂得體諒淑娟的辛苦，不肯讓她晚上好好休息，只會每天喝酒鬧事，只會每天不停的凌遲淑娟！」

接下來玉梅情緒開始有一點上火，開始對我控訴她這一位二女婿的種種不是，更開始沒完沒了的發起牢騷，但仔細聽起來，也有一點趁著這個機會，對我抱怨她老公登財的意思。

因為登財也是將近一年多時間，不但沒有正常上班工作，更是每天遊手好閒無所事事，每天不是釣魚，就是喝酒打牌。

我們夫妻這一次會邀請玉梅，一起回到鄉下老家，就是知道玉梅最近又在苦惱登財的問題，又在氣憤登財好逸惡勞的事情，才會邀她陪我們一起回到鄉下，好讓她藉機會散散心。

玉梅發洩了好一陣子的怨氣，還不準備停下來，我打斷她的話問淑娟說：「下一步妳準備怎麼做？」

淑娟好像沒有什麼心理準備，接下來很用心的想了好一下子，好像沒有辦法做出決定，一直沒有回答我的問題，也只是一臉茫然，莫名的繼續盯著我看。

看見玉梅緊繃的臉上表情，好像心裡有太多的怨氣還未發洩完，也好像有一點衝動的感覺，好像很想要叫淑娟趁早放棄這一個不幸的婚姻，好像很想要叫她不要再忍氣

吞聲的折磨自己，乾脆早一點離婚算了。

　　我猜想這時候的玉梅，可能是因為那一次對登財完全絕望，對我提出決定要離婚的事情，後來被我問她與登財離婚了以後，會不會再找下一個男人，更向她解釋我們人類，沒有辦法自我掌控情慾的問題。

　　不但讓她深深體會到了，一個人一旦走上了離婚的道路，就是人生走向失敗的開始，也是智慧本能走向退化的開始。

　　自從那一次以後，玉梅再也不敢輕言提出離婚，雖然見到淑娟百般的無奈，縱使心裡很想告訴淑娟乾脆離婚算了，尤其是當著我的面，更不敢輕言講出離婚的話，也只能夠完全失去主意的望著我看。

　　最後淑娟看了一下手上的大衣，表情無奈的說：「我實在受不了他了，又不知道能夠怎麼辦，我只能夠先躲一陣子，能夠躲多久，就先躲多久再說！」

　　我太太心疼的對淑娟說：「一直躲躲藏藏的也不是辦法，最多也只能夠躲幾天，最後，妳還是要回去面對！」

　　玉梅也是很消極的對我太太說：「除非蕭先生有更好的辦法，不然只能夠躲一天算一天！」

　　淑娟也接著說：「晚上看他一直找不到我，樣子就像一隻瘋狗一樣，進進出出的屋裡屋外跑了好幾次，好像很

怕我跑掉的樣子，越看見他著急的到處找，我就越想要躲起來讓他找不到，我就越故意讓他著急！」

停了一下子淑娟又接著說：「我準備先躲幾天，讓他著急找不到人，好好教訓他一下，看他會不會清醒一點！」

經過一陣討論以後，我們一群人做出最後決定，大家同意淑娟的想法，讓她先逃家躲藏一段時間，好給丈夫一個反省的機會，也讓淑娟能夠好好喘口氣。

然後玉梅提出建議說：「妳既然決定要暫時躲幾天，晚上不可以住在家裡，如果讓他知道妳住家裡，以後一定又要吵到天翻地覆！」

接下來玉梅又說：「妳今天晚上就先住到王小姐家好了，那一個地方他沒有去過，他找不到！」

玉梅立刻拿起手機，打給登財小學同學太太，也立刻獲得王小姐答應。經過周全計劃以後，由登財和玉梅開第一部車送淑娟到王小姐家，我們開第二部車斷後，以防被她丈夫跟蹤。

結婚之後不曾吵過架，妳相信嗎？

第二天早上八點多，我們一群人又來到王小姐家裡，

跟淑娟討論計劃逃家的後續。

　　正談話中，讓我回想起當初認識玉梅和登財夫妻的時候，看見淑娟她們三姐妹，都還就讀國小，不但看著她們長大成人，也看著她們結婚嫁人，我們夫妻也一直把她們姐妹，當成自己女兒一樣。

　　因此見到了淑娟夫妻，發生了這麼嚴重的問題，除了心裡感到難過不捨外，也一直苦無機會，想要好好的教導淑娟，學習關於夫妻和平相處的方法要領，因此讓我臨時想到了一個主意。

　　於是向玉梅和登財建議說：「既然淑娟想要離家躲藏幾天，乾脆讓她跟著我們回到台北，好讓我們夫妻利用這一段時間，好好跟淑娟談一下，說不定可以找出她們夫妻問題，然後想出解決辦法。」

　　玉梅聽見我的建議不但馬上贊成，並且很高興的說：「老早就想叫淑娟，找時間跟你好好談一下，淑娟就是撥不出時間，如果能夠讓她利用這個機會，跟你們回去台北住幾天，那是再好不過的事情。」

　　登財臉上也才有一些笑容的說：「交給你們，我就放心了！」

　　回到泰山家裡，吃過了午飯，讓淑娟好好的休息睡午覺，然後整個下午時間，她一直陪在我太太身邊。

　　見到老婆以家和萬事興爲前提，很有耐心的向淑娟解釋，並且教導淑娟要以溫情感性的心念，才能夠經營好和諧的家庭婚姻，以及教導她要以包容體貼的方法，才能夠增進夫妻恩愛的感情。

　　看見太太很用心的教導淑娟，不但讓我想到了淑娟，就是欠缺這一種身教的機會，也是欠缺這種母愛的耐心引導，才不懂得營造夫妻恩愛的感情，才使得家庭婚姻一再的是非不斷。

　　因爲每一次看見玉梅和淑娟，兩個母女在一起的對話內容，總是順應社會現實風氣潮流，完全離不開計較金錢物質。

　　尤其涉及到了家庭婚姻，或是夫妻之間的感情問題，也總是以十足理性的是非對錯看待。

　　因此更讓我從淑娟與老婆的談話裡，瞭解到了淑娟，就是從小嚴重欠缺這一種爲人的基礎教育，才會完全不懂得如何經營好家庭婚姻的常識，尤其針對夫妻相處之道，更是一張白紙。

　　第二天上午，輪到我和淑娟針對問題深入探討，我直接問她說：「妳能不能夠回答我，爲什麼原因，人長大了以後一定要結婚？」

　　淑娟思考了好一陣子，還是一臉茫然，還是沒有任何

答案。

又過了一下子，才反問我說：「對啊！人爲什麼要結婚，然後兩個人一輩子吵吵鬧鬧的互相折磨，最後害得自己和全家人痛苦得要命，難道人不要結婚不可以嗎？」

幫助過很多夫妻破鏡重圓的經驗，也見識過那麼多感情紛擾不斷的個案，很清楚一般家庭婚姻生變的夫妻，幾乎都像淑娟一樣，存在著一個共同的缺點，就是爲什麼人長大了以後要結婚，幾乎是一點點概念也沒有。

因此淑娟不只是沒有辦法回答我的問題，更是在她反問的意思裡，可以很明顯的知道，她對於家庭婚姻不但沒有概念，更是看法理念非常的偏差，因爲她認爲夫妻一輩子吵鬧感情不和，是一件很見怪不怪的平常事。

並且據我所親眼看見，玉梅與登財兩家人的兄弟姐妹，沒有一個不是長時間裡，夫妻不斷的爭執吵鬧，因此在淑娟的腦海裡，自然被烙印上一個很深刻的印象，總是認爲夫妻結婚了以後，家庭紛擾不斷，是一件很平常的事情。

因此我問淑娟說：「妳相信有人自從結婚以後，一輩子不但不曾吵過架，也一直都在談戀愛嗎？」

淑娟一副很不敢相信的表情反應，馬上反問說：「怎麼可能一輩子都不吵架，我不相信！」

從淑娟不肯相信有人一輩子不吵架的夫妻看來，她真是對夫妻的感情，不但嚴重缺乏認知，更是非常的極端偏差。

因此我又問她說：「妳知道我和蕭媽媽，自從我們認識到結婚，一直到了現在，雖然中間遭遇到了很多困難麻煩問題，我們不但不曾吵過架，甚至連發生爭執的機會也沒有，妳相信嗎？」

淑娟完全一副很難置信的表情，立刻反問說：「世界上怎麼可能有這樣的人，夫妻怎麼可能一輩子，都不會發生吵架的事情，我眞的不相信！」

從那麼多實際經驗裡獲得證明，凡是家庭問題不斷的小孩，都會比一般人更早熟，因此淑娟雖然才三十歲，但是對於自己的人生，以及始終紛擾不斷的婚姻，卻是非常的有擔待，從來不曾聽見她叫屈喊冤過，總是自己默默的承擔一切苦果。

玉梅就時常很心疼的告訴我說：「淑娟從小脾氣就那麼的倔強，無論我們怎麼處罰罵她，一直都不會有反應。

甚至被登財打得半死，也從來不哭不流眼淚，並且只要她自己決定的事情，沒有人能夠改變她，也從來不會怨天尤人。

當初登財一再反對他們交往，爲了這一件事情，被登

財狠狠的打過了好幾次，後來也是她自己堅持要嫁給他。

可能是當初自己的選擇，後來受到了公婆與丈夫的欺負虐待，才不敢回家向我們訴苦，自己默默的承擔忍受！」

於是我又問淑娟說：「昨天下午，蕭媽媽很用心的教導妳，如何增進夫妻感情恩愛情趣，才能夠經營好和諧的家庭婚姻，以前聽過嗎？」

淑娟很快的回答說：「從來沒有聽人講過，只有在小說裡，或是電影電視劇裡才看得到！」

我又問淑娟說：「妳聽得懂蕭媽媽教妳的方法嗎？」

淑娟也很快回答說：「當然聽得懂，蕭媽媽講的那些方法，其實都很簡單！」

淑娟猶豫了一下，又接著說：「蕭媽媽所講的那些方法，雖然很簡單，只是要做到，好像很困難！」

我問她為什麼，淑娟很快解釋說：「我們在結婚以前也都有約定，我們以後要互相包容互相體貼，我們也都山盟海誓一定要恩愛和好。可是我們才剛結婚，就全都變得完全不一樣了，好像每一件事情都變得很複雜，好像每一個問題都變得很困難！」

聽完淑娟所講的話以後，更瞭解知易行難，和知難行易的主要差別，因為受到了傳統封建思想的影響，以及受

到了宗教愚民教化，被嚴重混淆了人生價值觀念，使得淑娟像一般人一樣，只是知道家庭婚姻的表象道理。

只懂得夫妻相處之道的形上道理，而嚴重欠缺家庭婚姻的基本知識，和缺乏經營夫妻感情的一般常識，最重要的一個最大因素，就是處在現實功利極端盛行的風氣潮流下，大家一致認定時間就是金錢。

因此沒有人願意把寶貴的時間和精神，浪費在經營婚姻與夫妻感情上，才會造成明白道理方法容易，實際施行起來卻是非常的困難。

金錢非萬能，經營愛情無所不能

因此讓我臨時想到了一個，也許可以讓淑娟知難行易的好方法，於是問她說：「記得妳母親曾經告訴過我說，妳們夫妻在國中的時候認識。後來妳爸爸知道妳們在談戀愛，不但極力反對妳們交往，妳還被他狠狠的打過了好幾次，甚至非常生氣的拿椅子，想要活活的將妳打死，也都沒有辦法讓你們兩個人分開。妳能不能夠告訴我，到底是爲了什麼原因，才讓妳們當初的心意那麼堅決，縱使會被打死都不願意分開，兩個人還要繼續的交往，甚至堅持要嫁給他？」

　　淑娟開始緊繃著眉頭，思索考慮了好一段時間，好像一直尋找不到答案似的，後來才一臉茫然的對我說：「實在真的不知道我在那個時候，為什麼會那麼堅持的要跟他在一起，後來又不顧爸媽的反對，一心一意決定嫁給他，才讓自己過得那麼痛苦，我真是活該報應！」

　　於是我又問淑娟說：「妳可不可以告訴我，妳們在結婚以前，妳愛他嗎？」

　　淑娟好像心裡掙扎了好久，也猶豫了好一陣子，才回答說：「真的記不起來了，我在那個時候有沒有愛過他！」

　　我馬上對淑娟說：「如果妳不愛他，怎麼可能不顧一切的跟他交往，怎麼會不顧一切的嫁給他，只是時間過了那麼久，並且自從結婚了以後，妳們又一直感情不和，現在當然會忘記妳們有沒有互相愛過對方。」

　　淑娟點一點頭的說：「有可能是這樣！」

　　我又接著說：「結婚以前談戀愛的時候，在兩個人的世界裡只有愛情，不必考慮到現實生活問題，可是結婚以後就不一樣了，就愛情麵包沒有辦法兼顧了。

　　所以妳們現在只要能夠做到愛情與麵包兼顧，就可以知難行易，就能夠輕鬆的達到結婚前的山盟海誓，就可以互相包容互相體貼，就可以家庭婚姻和諧安定，就可以夫

妻感情恩愛和好，就可以一輩子不再爭執吵架。」

淑娟也很快的回答說：「如果不認真工作賺錢，連最基本的生活都過不下去了，那有可能家庭安定，如果窮到了連孩子讀書的錢都沒有，怎麼會有可能夫妻感情和好？」

我很快回答說：「妳講的話很正確，沒有錢當然是萬萬不能，但金錢也不是萬能，可是像妳這麼辛苦賣命，在矽品每天除了上正常班以外，又把所有休息時間都拿來加班，讓自己每天累到半死。

可是妳有沒有好好計算過，妳這麼多年來，那麼辛苦賣命的加班，為什麼一直到現在，還背了那麼多卡債？」

淑娟又是眉頭深鎖的辯解說：「已經那麼賣命的加班，都還欠了那麼多卡債，如果再不認真工作，不就連三餐都沒有！」

我又對淑娟解釋說：「以前妳媽媽那麼的辛苦賣命，每天兼了五、六份工作，雖然比別人多賺了好幾倍的錢，最後還不是每天對人喊窮，還不是每天為了錢愁眉苦臉。

可是現在只剩下早餐店三個小時工作，卻再也不曾聽見她對人喊窮，生活反而過得比以前更悠哉，和妳老爸的感情反而變得更好。」

淑娟好像有一點被我說動的問說：「對呀，我也感覺

我爸媽最近比較少吵架了，也沒有再聽見我媽每天喊窮，到底他們是怎麼做到的？」

接下來淑娟很好奇的問了一些，關於玉梅和登財不再吵架的原因，以及不再缺錢的方法，我向她一一解釋了以後，她才若有所思的問我說：「你和蕭媽媽怎麼做的，才能夠一輩子感情那麼恩愛？」

我才向淑娟解釋說：「我們結婚以後，也和一般人一樣，剛開始也是將全部時間精神放在工作賺錢，也如願的開了一個工廠。當不斷看到一般夫妻很難和平相處，甚至家庭風波問題不斷，才引起我心裡產生了一個很大的恐懼感，很害怕自己也像一般人一樣。所以很用心的研究，最後才讓我得到了一個道理，就是現代的人太過於現實理性，太過於注重金錢物質，當然就沒辦法兼顧夫妻感情。在我三十歲那一年，因爲瞭解自己的能力實在有限，沒有辦法做到家庭與事業兼顧，沒有辦法做到愛情與麵包兼顧，只好選擇把工廠關掉，然後很用心的照顧家庭，很用心的經營夫妻感情。」

這時候淑娟才有一些開悟的問說：「是不是我和以前的媽媽一樣，都把時間放在工作賺錢上面，所以沒有時間精神兼顧夫妻感情，最後才造成很多後遺症，我們才會一天到晚不停的吵架？」

我回答說：「其實不只是沒有時間精神照顧感情而已，應該還要學習怎麼經營好家庭婚姻，更要學習怎麼去增進夫妻情趣。」

淑娟還是有一些疑惑不解的問說：「要怎麼經營好家庭婚姻，又要怎麼做到增進夫妻感情情趣？」

我回答說：「從昨天下午開始，蕭媽媽就一直向妳解釋家庭婚姻的道理，她更一再耐心的教導妳，如何增進夫妻感情恩愛的方法。」

淑娟才若有所思想了好一下子，然後好像滿肚子難言苦衷的說：「可是！」

淑娟又可是了好一下子，才好像鼓起勇氣的說：「可是我們已經吵到了這一種地步，他一直無理取鬧的冤枉我，又一直很故意的惡整我，甚至晚上都不肯讓我睡覺！」

淑娟講到了這裡，好像再也講不下去的感覺，唯有一臉痴呆的望著我看，於是我接著說：「前天晚上，妳在電話裡告訴妳女兒說，妳逃到外面躲起來，身上沒有穿衣服很冷，我可以從這些事情上，推測妳們夫妻發生了什麼問題。是不是最近這一段時間來，妳丈夫一直懷疑妳對他不忠，一再懷疑妳每天只是利用加班的名義，只是利用機會與男人在外偷情？」

　　淑娟雖然沒有回答我的推測，也沒有點頭表示認同的意思，但是看她的專注表情，可以證明我的推論應該沒有錯，只是話題太過於敏感的關係，所以不好意思承認。

　　於是我又對她說：「所以妳丈夫會一直罵妳不滿足，然後又會一直想盡各種辦法，更會利用一些惡劣的方法手段凌遲妳。

　　甚至整個晚上不讓妳睡覺，整個晚上不肯讓妳穿衣服，就是要惡整到了妳向他承認有外遇，惡搞到妳向他投降為止！」

　　淑娟聽完以後，臉上表情更加的無辜與無奈，低頭沉思了好一下子，才語帶絕望的口吻問我說：「像我們已經這樣了，還能夠走下去嗎？」

　　我馬上回答說：「當然很困難，但並不是不可能！」

　　接著我又耐心的解釋說：「每天上班工作的時間多加了一分，夫妻能夠建立恩愛感情的機會，自然就減少了一分。只要妳把工作的時間和精神，再撥出多一些用在經營夫妻的感情上面，就可以挽回妳們的家庭婚姻，就可以促進妳們夫妻的感情。」

　　淑娟又猶豫了好一下子，才又說：「你和蕭媽媽所講的道理我都知道，可是怕我還是做不到！」

　　於是我又詳細的向淑娟解釋說：「在我們年輕的時

候，雖然能夠瞭解到了很多家庭婚姻問題，並且經過一段時間很用心的研究學習，才終於發現自己不但不懂得經營家庭婚姻，更完全不知道如何增進夫妻恩愛感情。又經過了一段時間努力學習以後，最後體會到了一個要訣，就是要有足夠的時間和心情，才能夠經營好婚姻家庭，才能夠穩固好夫妻感情。於是考慮到了自己的能力實在有限，沒有辦法做到事業和家庭兼顧，最後才終於下定決心，才把好不容易做起來的工廠結束掉。剛開始自己也完全不曉得怎麼做，於是很認眞的讀了很多這方面的書，才終於讓我慢慢體悟到了「精誠所至金石爲開」的道理！才終於明白只要肯認眞努力，只要肯把心思精神放對地方，最後一定可以找到解決困難問題的好辦法，一定可以達到不可能的心願。所以只要妳能夠做到減少一些工作賺錢的時間，肯多花一些心思精神照顧家庭婚姻，以及用在建立夫妻感情上面。相信憑妳的能力那麼好，又能夠吃苦耐勞的個性，相信可以很快體會到了如何照顧好家庭婚姻，以及建立好夫妻感情的道理方法。」

最後淑娟還是滿臉狐疑的說：「如果不趁著還年輕，還有體力上班工作努力賺錢，等到老了以後，再想要工作賺錢，已經來不及了。」

淑娟不但講得很有道理，也是大多數人一致的看法，

但是這一些認同民以食為天，不肯浪費時間精神經營夫妻感情的人，最後的人生結果又是如何。

所以我問淑娟說：「妳記得以前妳媽媽的嘴巴上，一直離不開金錢的時候，妳們家裡的氣氛感覺是什麼，然後妳媽媽最近這一段時間以來，不再開口閉口金錢，家裡面的氣氛又有什麼不一樣？」

淑娟回想了一下很快回答說：「以前媽媽每天開口不離錢錢錢的時候，一直讓人感覺心裡壓力好大，也很害怕回家，更害怕聽見媽媽不斷的發牢騷，現在比較不害怕回家，也不再害怕見到媽媽！」

和淑娟談了一整個上午的時間，她雖然完全認同經營夫妻感情，比認真工作賺錢更重要，但還是做不到把時間與心思浪費在丈夫身上，還是非常的堅持，為什麼不能夠事業與家庭兼顧。

我還是很有耐心的對淑娟，講了很多自己和老婆的實際經驗，和舉例了好多個案，一再強調人生的所有價值，不能夠只建立在金錢物質上面，而夫妻的感情更不可以只是以道理的對錯論定。

並且一再以工作賺錢的時間少了，建立和諧恩愛促進夫妻感情的機會就多了，以及有錢買不到家庭的幸福，有錢更買不到夫妻感情真愛。

　　但是夫妻同心泥土可以變黃金，家和萬事興，家不和萬世窮，來勸導淑娟放下堅持，能夠多撥出一些時間和精神放在家庭，以及照顧好夫妻的感情上面。

　　時間經過大約兩個禮拜，再來到玉梅家裡，玉梅見面的第一句話告訴我說：「淑娟從台北回來以後，晚上很少加班了！」

　　她外孫女看見我的時候，也很高興的主動告訴我說：「台北阿公，我跟你講哦，我爸爸和媽媽現在都不吵架了！」

青春愛對答

Q：為什麼有些人會有花心的情況？

A：花心很正常，國中生正逢青春期，開始朝思暮想交男女朋友，如遇見中意對象，用盡所有招術勇敢追求，被人譏笑花心很正常；如果太過分了，甚至荒廢了課業，或影響到了生活作息，就被罵是有問題的「花痴」！

Q：是否真愛需要長時間的考驗？

A：是，必須有辦法通過長時間的人生種種現實問題嚴格考驗洗禮，才能夠慢慢證實是否真愛，因為在兩個人交往的時間裡，會不斷遇到太多太多意想不到的現實問題，也會遇到太多太多難以應付的人情世故，需要長時間證明是不是能夠同甘共苦的渡過所有難關，才能夠證明是不是真愛，也才能夠相知相惜愛情長長久久。

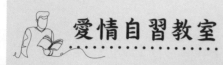

愛情自習教室

以上的故事是否能給你一些關於愛情的思考自習靈感？

◇ --

◇ --

◇ --

◇ --

◇ --

◇ --

◇ --

◇ --

◇ --

| 第六堂課 |

青春愛對答

Q：愛一個人就要毫無保留的付出嗎？

A：縱使眞心愛一個人，縱使事先做好了一切心理準備，誓願爲一個人犧牲奉獻，並且過程無怨無悔，甚至逆來順受，依然做不到毫無保留的付出，因爲感情是日日夜夜，長時間相對等相對待的事情，就像兩個人跳舞一樣，他進一步你退一步，你進一步他退一步，你不能無止境的往後退讓，最好的辦法就是「交情」，就是靠時間來證明。

Q：兩個人互相喜歡互相包容，不是爲了車子、房子，就算至死也要在一起，是值得學習，那如果是爲了錢爲了車子房子，那麼在一起的意義在哪？

A：如果是爲了錢爲了房子、車子，那就是爲了一張長期飯票，就是一輩子靠他生活，只爲了外在的物質享受而已，並不是爲了感情在一起，這樣的愛情不會有保障，也不會幸福快樂。

Q：如何從婚姻的痛走出來？

A：一個會逃避人生逃避婚姻的人，必定沒有辦法從婚姻的痛走出來，一個不懂經營兩性情感，使得婚姻失敗離婚的人，等同於人生的失敗，因爲不只是沒有辦法接受失去家庭，更沒有辦法接受自己逃避婚姻的消極行爲，會一輩子擺脫不了婚姻失敗的陰影，會一輩子超越不了感情的障礙！

而一個積極力求上進的人，不管人生遭遇到任何再大的困難，必定勇往直前接受挑戰，絕不輕言放棄，也不逃避退縮。

最佳辦法就是痛定思痛，用心檢討造成婚姻失敗的原因，才能夠避免下一次的感情失敗。

Q：眞正的愛情需要什麼？

A：眞正的愛情需要長時間的好「交情」，才能夠慢慢培養出甜蜜恩愛的愛情果實，因此需要信心加上耐

心，才能夠克服愛情路上的所有障礙，才能夠心連心的攜手共渡美好人生。

Q：幹嘛動不動就離婚？

A：離婚的內在和外在因素不勝枚舉，但最主要是嚴重欠缺經營夫妻感情知識，嚴重欠缺家庭婚姻危機處理常識。

Q：如果有同性戀的朋友怎麼辦？

A：有同性戀朋友，將他當成一般正常人看待和相處，不可以有分別心，更不要有歧視心理。

Q：如何擺脫不喜歡的人？

A：越表現出擺脫不喜歡的人，他就纏你越緊，你就越沒有辦法擺脫，因為怕你不要他，只要將他當成好朋友，耐心經過一段時間以後，自然慢慢轉移目標，自然慢慢對你疏離放手。

Q：外貌和內心那個最重要？

A：當然內心比較重要，人是一個具有靈魂的個體，只有美麗的外表，內心卻非常齷齪，這樣的人不但會

自食惡果，更會害了跟他在一起的人。

Q：怎麼讓感情長長久久？

A：了解愛情是什麼，當愛來的時候，才能夠及時抓住
機會，兩人開始交往重「情」不隨「性」，尤其要
有節有守，不能見異思遷，才能夠讓愛情長長久
久。

Q：怎樣培養持久的感情？

A：兩個人從一開始談戀愛，只要單純的談「情」，不
盲目追求滿足情慾的交「性」，才能夠慢慢發展出
既幸福快樂又穩固的「愛」情，才能夠慢慢培養出
長長久久的恩愛好感情。

Q：如何找到真正的愛？

A：愛要足夠不能將就，想找到「真愛」，就要先了解
「愛」是什麼，了解「情」為何物，才不致遭受動
情激素「情慾」驅使操弄，而盲目的追求滿足情慾
濫交，而毀損終生享受「真愛」幸福甜蜜。

Q：我們該怎麼培養持久的愛？

A：只要保有純純的愛就能夠持久，男女朋友剛開始交往，只要「交情」不要「交性」，在還沒有建立穩固感情基礎就交性，感情就會很快破裂。

Q：結婚後如果吵架怎麼辦？

A：現代人婚後吵架很正常，因為不曾接受到感情教育學習，完全不懂得如何經營好感情，尤其婚後遭受現實生活壓力，和一大堆永遠擺不平，又令人不勝其煩的人情世故複雜繁瑣糾結，夫妻不想吵架都難。

Q：為什麼我們要了解愛？

A：一個不了解「愛」不懂「情」的人，就像一個不會開車，不懂交通規則的人一樣，冒險開車上路，不但達不到目的地，更會狀況百出害人又害己。

Q：為什麼蕭老師到現在感情還是這麼好？

A：因為我從小開始對感情好奇，並且在上了中學以後，有機會接觸到相關感情課外讀物，更用心努力學習感情知識，才懂得如何面對感情問題，也才能夠在跟老婆認識以前，知道怎麼建立穩固長久的感

情基礎，尤其始終遵守婚姻「神聖天規」原則，才能夠讓我們結婚四十多年來，不但不曾吵過架，更還在談戀愛。

Q：結婚後如果吵架要怎麼辦？

A：生活現實功利時代的夫妻，不爭執吵架眞的很困難，但如果像我們夫妻一樣，能夠婚前建立穩固感情基礎，並將造成夫妻吵架的所有因素預先剔除掉，就可以避免婚後爲了雞毛蒜皮瑣事爭執吵架，如果想要化解婚後夫妻吵架的最好辦法，就學我老婆在我生氣的時候，就對我說「老公你生氣也很帥呢」！縱使生再大的氣也馬上煙消雲散。

Q：我想交女朋友，所以用line詢問兩三個喜歡的女生，要不要和我交往，後來她們就聯合起來排擠我，我覺得很難過，怎麼辦？

A：你如果只傳line追求一個女生，極有可能接受你的追求，可是你同時傳給三個，她們會認爲你花心不可靠，只想玩弄她們而已，並不是認眞想跟她們交往，當然會生氣，聯合起來排擠你，算是對你很客氣了。

但千萬別氣餒，你只是一時的不小心，才犯了「追
女友」的兵家大忌，你把它當成一次痛苦的教訓，
將它當成繳了一次超貴的「愛情學費」，使你以後
將懂得「女人心」，將可以像老師一樣創造「幸福
人生」！

Q：情侶最後為什麼不能走到一起？

A：一對情侶了解感情懂愛情，是談戀愛基本的必備常
識，才有辦法去克服排除所有障礙感情，多如牛毛
的現實與人事因素，才能夠愛情永固，才有辦法長
久走在一起。

Q：尋找伴侶是找相似還是互補？

A：不必在意相似和互補，只要兩個人有緣，又懂得如
何經營好感情，必能感情恩愛長長久久。

Q：為什麼我們要結婚？

A：古時候結婚的理由，是因為男大當婚女大當嫁，現
代人結婚是因應愛情，兩個情人能夠共築愛巢，希
望能夠永久相廝守一起。

Q：外貌和內心什麼最重要？

A：人美心不美，貌如仙女卻心如蛇蠍，這樣的人還是
敬而遠之，所以內心當然比外貌重要。

Q：如何成熟的結束一段關係？

A：想要結束兩個人的關係，只要把對方當成朋友就
好，最忌諱惡言相向言語攻擊，絕對不能拿對方的
缺點和壞習慣，去做為兩個人分手的理由，因為一
再的攻擊對方的短處，會把對方刺激到變成「恐怖
情人」！

Q：外貌和個性哪個比較重要？

A：當然個性比較重要，外貌只是扮演吸引對象的功
能，只是給人的第一印象，必須俱備體貼人心的好
個性，才能夠穩固兩個人的好感情。

Q：愛情真的有那麼重要嗎？

A：沒錯，愛情真的很重要，根據我們夫妻以及幾十年
輔導感情問題經驗，一個缺乏愛情的人，就像一個
沒有靈魂的空殼子，我們經常見到一大堆壞習慣永
遠改不掉的人，嚴重影響自己健康不要緊，更拖垮

整個家庭，全是因爲缺乏愛情的緣故，因而心靈空虛思想觀念偏差極端人格扭曲，才造成社會問題層出不窮。

Q：如果你朋友發生三角戀，你會怎麼做？

A：國中階段發生三角戀很普遍，男女朋友分分合合，沒有一個穩定的交往對象，也是很平常的現象，因爲才剛發育進入青春期，尤其理智還未成熟，個性理念還未定型，對人生抱持好奇心，和試探方式進行，所以嘗試追求中意對象，自然發生三角戀情事，如果朋友發生這種事，不必太在意，盡其所知告知奉勸，男女關係是一件很「神聖」的事情，只能夠「交情」不能「交性」，千萬不可以「濫情亂性」，也可以當作歷練人際關係，當成累積自己的人生智慧。

Q：哪時候交男朋友比較好？

A：當「愛情」來的時候，任誰都沒有辦法阻擋拒絕，因爲「愛情」的力量，就像一個人餓了、渴了，沒有辦法靠自己的意志去拒絕說不，因此不用費心思考慮，哪時候交男朋友比較好，重點是當「愛情」

來的時候，你做好了準備接受「愛情」的功課沒有。

Q：為什麼這世界上要有情？

A：為什麼這世界上要有情，我在像你們這個年齡的時候，心裡不斷出現一句話：「人與動物何異」！慢慢了解我們人類與動物不一樣的差別，是我們人類不只比動物有頭腦有智慧，能夠知道人與人和世上萬物，如何取得平衡和諧方法道理。

尤其我們人類繁衍子孫延續後代，早已經擺脫動物野性雜交方式，必須具備穩固感情的「愛情」基礎，才能夠順利達到繼起人類生命意義的使命，也才能夠養育身心健康人格健全的下一代。

Q：為什麼有老王／小三？

A：為什麼會有老王／小三，因素非常多，最主要是夫妻恩愛熱情，婚後遇到太多無法解決的現實問題，很快退燒因而沖淡了愛情，兩個人慢慢互相沒了感情，我們人類是感情的動物，人人都渴望愛情的眷顧，當夫妻愛情退燒沒了感情，尤其失去了「愛的力量」，很容易各自向外發展發生外遇。

Q：如果有人向自己告白，但不想和他交往怎麼辦？

A：如果有人向你告白，但不想和他交往，不用直接say
no，可以只當朋友，更不要對他口出惡言，才不會
讓他愛不到你變成恨，並且他會追求你，也會去追
求別人，等他慢慢轉移目標對象，自然不再來糾纏
煩你。

Q：師生戀又該怎麼辦？

A：學生打從心裡尊敬老師，進一步仰慕喜歡老師也很
正常，但學生因理智還不夠成熟，如果再對愛情感
情不懂，沒有辦法克服動情激素操弄驅使，很容易
被情慾衝昏了頭，就有可能糊里糊塗的將老師當成
滿足情慾對象。

再加上如果老師夫妻感情不和，心靈空虛急須愛情
撫慰，很容易就發生違反倫理道德的師生戀！

如果真的發生了師生戀，自己也感覺很不應該，卻
又沒有辦法控制解決，找學校輔導老師幫忙，再不
行就轉學。

Q：如果你的朋友和你的老婆掉進海裡，你會選誰？

A：朋友和老婆掉進海裡，當然不加思索的選擇救老婆，因爲老婆是我生命的另一半，如果失去了老婆，我的生命不但不完整，更沒有人生幸福可言，因爲在我人生的世界裡，老婆占了第一重要的地位，所以我們夫妻才會那麼的幸福快樂，才會結婚四十多年不曾吵架，甚至一直到現在還在談戀愛。

以你現在的年紀會問這樣一個問題，代表你比一般人更懂事更成熟，我猜測應該是你的父親，只重視外面的朋友，完全忽略了你母親，讓你不知道如何面對幫忙，如果是這樣的話，我建議你在你父親面前，多幫你母親講好話，可以用來拉近他們的距離，才能有效化解他們的感情問題。

Q：爲何現在人的離婚率越來越高？

A：現在人的離婚率會那麼高，是因爲大家都沒有像你們一樣，有機會上感情教育學習課程，完全不懂愛情是怎麼一回事，也完全沒有經過「交情」，沒有足夠時間建立感情基礎，自然不是因爲「眞愛」結合結婚，只是被情慾衝昏了頭「交性」，兩個人就糊里糊塗的結婚生子。

婚後又不懂得如何延續夫妻好感情，不但得不到婚

姻幸福家庭美滿，更被一大堆的人情世故瑣事拖累，被現實生活折磨破壞了夫妻感情，最後變成難以共存的兩個冤家仇敵，當然很容易走上了離婚道路。

並且現在人跟以前完全不同，以前的夫妻雖然跟現在人一樣，十對之中有九對以上，婚後很快變成冤家仇敵，可是以前的人不敢離婚，因為沒有個人選擇決定權利，夫妻感情再如何惡劣，兩個人再如何困難相處，也只能夠默默承受忍耐。

Q：同性戀怎麼辦？

A：我知道有很多人沒有辦法接受同性戀，但根據專家學者報告，是先天基因染色體的關係，但根據幾十年來經驗，從中得到一個結論，萬事萬物都是隨著時空背景逐漸演化而成的，性向也是因應生存環境慢慢轉變養成的，因此不是不能夠改變，問題是有沒有用對方法。

Q：要怎麼樣讓前面的女生喜歡我？

A：想讓女生喜歡愛你很簡單，我就很有經驗，方法就是讓她感覺你很有風度，是一個穩重的男子漢，要

領就是保持端正坐姿，自然表現擔當負責任態度。

Q：班上有花痴怎麼處理？

A：花痴是由性所起，因情因愛所趨，會以「花痴」來形容比喻，一個人對『情愛』的痴迷程度，就像昆蟲蝴蝶受到綻放花朵吸引，纏綿徘徊環繞美麗花朵，是其生命當中最浪漫最享受青春時刻，因此不用處理，也處理不來，但也不能放任太超過，最好辦法是清楚明白「情為何物」、「愛是甚麼」！

Q：如果老師的小孩已經到了愛性的程度，老師怎麼教？

A：小孩發育到了青春期，受到「傳宗接代」生理情慾驅使，開始想交男女朋友，就是已經到了愛「性」的程度，才會有談戀愛的男女朋友，也才有感情恩愛的夫妻，其主要動力來源和最終目的都是「性」，小孩到了愛性的程度，最佳因應辦法，就是像現在我跟各位同學一樣，針對感情愛情與「性」課題充分討論，因此我的小孩從小對「性」可以自然的談論，青春期對「性」一點也不好奇，因為他們了解冒險嚐試探索的代價結果是什麼。

Q：如果有了（男／女）朋友，又不喜歡對方怎麼辦？

A：男女朋友交往反反覆覆，有時候愛到要死，有時候又很討厭，有時候很喜歡，有時候又很排斥，這些現象其實是一件很正常的事情。

尤其女生，每一個月都會週而復始的一再出現情緒起伏落差，才被形容戀愛中的女生晴時多雲偶陣雨，因為生理週期現象使然。

如果感覺選擇錯誤，不想再繼續交往下去，不要急著表態，可以當成一般朋友，時間可以證明是否正確。

Q：為什麼會有人去搶別人的老公／老婆？

A：每個人都需要感情需要愛情，問題是沒有機會接受感情和愛情的教育學習，才會不懂得如何經營好自己的感情和愛情，不得已只好去搶去偷別人的感情和愛情。

Q：如何分手？

A：將實際理由告訴對方，尤其就讀國中階段，有更多更好理由，並說明分手以後，還是可以當成好朋友，分手並不代表從此就成為敵人，也不代表以後

就沒有機會，像你們現在有這個機會學習懂得感
情，以後更知道如何珍惜互相的感情，更有機會成
就一對恩愛情侶。

Q：何時談戀愛比較好，太早交往會有什麼後果？

A：年齡不是問題，從開始懂事就可以談戀愛，只要是
「交情」當好朋友，就沒有太早或太小的問題，什
麼時候都可以，至於太早交往會有什麼後果，如果
兩人是爲了「交性」才成爲男女朋友，必然失去建
立長久感情恩愛幸福機會。

Q：感情失去，有可能又復合嗎？復合了一定會長長久
久嗎？

A：不一定，有太多因素關係，如果懂得感情，又復合
會比較能夠互相珍惜彼此，感情永固長長久久才有
可能。
見過太多分分合合情侶，目的只爲了不甘寂寞，只
爲了塡補心裡空虛，並非爲了「交情」復合，不但
不可能長長久久，有可能變成冤家仇人。

Q：感情這種事會讓一個人失去理智嗎？

A：絕對會，尤其沒有往「情」的方向發展，只基於動物野性本能的交「性」，當然完全欠缺理性，一旦發生不愉快問題，很快讓人失去理智，做出傷害對方行為。

Q：如果犯花痴時，要如何壓抑自己？

A：犯花痴千萬不能壓抑，壓抑力道越大，反彈傷害越嚴重，太多人因為壓抑情感，衍生很大的後遺症，甚至一輩子不敢嚐試接受愛情。

我幫人做過無數心理重建，幾乎百分百的憂鬱躁鬱症，全是太過壓抑情感所造成的後遺症；只能夠轉移安撫，看是要去爬山，或到效外走走放鬆身心，或聽音樂看電影，或做一些比較健康的消遣娛樂。

最佳辦法就是運動大量流汗，如果沒有時間或沒有適當地點運動，可以在自己房間裡，原地蹲下起立，很快可以達到運動流汗，放鬆心情轉移『花痴』也有效果。

Q：您對愛情如何看待？

A：有人形容孩子是愛情的結晶，因此生命不只是愛情的產物，更是一個人生命的全部，我就是把我們夫

妻的愛情，當成是我們生命的全部，我們夫妻的愛情才能永固，我們才能夠一輩子恩愛和諧。

Q：花痴有救嗎？

A：其實花痴不是問題，因是正常的追「愛」行動，是展現青春活力的行爲，會造成他人困擾難免，會讓人議論指摘難免，但勿「因噎廢食」揮劍自宮，氣餒收手放棄追「愛」權利義務，蹉跎耽誤人生寶貴美好青春。

Q：愛情的意義如何？

A：有人比喻愛情就像陽光與空氣一般重要，因爲沒有了太陽，我們人類就不可能存活，只要幾分鐘不呼吸空氣，就會窒息而死，因此一個人如果沒有愛情，就像沒有陽光一樣枯萎，就像呼吸不到空氣一樣活不了。

Q：老師演講了幾年？

A：幾十年義務幫人化解感情問題以來，只針對個案輔導，並未曾正式演講過，自從九十四年參加一個讀書會開始，便陸續有人請我講課。

但上台演講，並非我想做的事，最大的心願是希望推動感情基礎教育，希望感情基本知識能夠向下扎根，能夠在你們這個階段打好基礎，更可以預防在你們剛進入青春期，遭受動情激素「愛情魔力」催化驅使，避免盲目追求競逐『情愛』遊戲，提早耗盡人生幸福健全婚姻有限資產！

Q：為什麼老師和老婆能走那麼長久？

A：有句名言「做對的選擇，勝過做好事情」，我們夫妻感情能夠長長久久，應該是選擇老婆是我的最愛，在我的心目中，老婆不只勝過一切，甚至比我的生命更重要！

我們人類具有智慧能力，能夠選擇心裡想要，或實際需要的順序優先，也是對你人生最重要的決定，所以在我一輩子當中，認為對我最重要的是老婆，就因為選擇老婆是我的最愛，所以我們才能愛情永固，才能恩愛和諧走那麼長久，也才能夫妻同心其利斷金，才能夠一輩子從不缺錢。

Q：愛情的意義如何？

A：愛情是繼起生命意義，是延續生命標準作業的SOP，

是生命存活不可或缺，讓人類提昇爲感情動物的重要元素，更是進行生命傳宗接代使命，無法改變或取代的必經過程。

Q：如果被傷害很多次，還會接受別人的喜歡嗎？

A：如果被傷害了很多次，還會接受別人的喜歡嗎？當然會，因爲人只要還活著，就需要陽光與空氣，就沒有辦法拒絕愛情，只要對方的條件符合，當然會很快接受，並且「愛情」這種事，並不是隨著心裡意志好惡抉擇，是體內生理現象必然的需求，是傳宗接代生命循環永世不變的自然定律。

Q：爲什麼得不到同學的喜歡？

A：眞正的喜歡須要兩情相悅，須要兩人都能夠接受對方，一個人先心裡感覺喜歡，對方卻還沒做好心裡準備很正常，這時候需要保持平常心，只要不做出令對方感到厭惡事情，總有一天會打動對方，並且「天下何處無芳草，何必單戀一支花」，說不定有一天自己也會發現，原來心裡喜歡中意的對象另有其人。

Q：我是花痴，我有救嗎？

A：當然很有救，「知錯能改善莫大焉」，因為你敢挖
自己的瘡疤，有勇氣把自己的問題公開，一個能夠
勇敢面對現實的人，就會用心在其所遇到的問題當
中，尋找到有效解決問題答案和方法。

反觀始終沒有辦法解決問題的人，不敢面對現實的
「縮頭烏龜」，最糟糕是始終堅持自己並沒有錯，
始終認為不是自己的問題，那才是最無藥可救的可
憐花痴。

Q：有喜歡的人怎麼辦？

A：喜歡人很平常，因為人類乃是群居動物，你講的喜
歡應該是「愛」，只要是人類或動物，成長到了可
以傳宗接代階段，體內自然產生追求異性動情激
素，自然心裡明顯感覺喜歡「愛」人。

「愛在心裡口難開」不敢表白講出來很正常，因為
還沒有經驗，並非膽怯懦弱；不敢講不必著急心
慌，更不要瞧不起自己；但有時候不講還好，講出
來反而壞事，遭到拒絕碰釘子會傷自尊。

其實「真愛」是要靠真誠表現，繼續保持「愛意」

即可，同學朝夕相處，總有一天會被對方發現，如果對方能夠被你真心誠意打動更好，將可以成就一對人人羨慕佳偶。

當時我跟老婆的經驗，就是這麼自然的「渾然天成」，就是這麼美好的「天作之合」！

Q：「愛上一個人很簡單，放棄一個人很難。」這句諺語對一個說放棄就放棄的人，真的不忠肯嗎？

A：「相愛容易相處難，放下更難」，想追求愛一個喜歡的人不容易，想要放棄更難，若處理不好，會留下很多很嚴重的後遺症，有可能因此誤了終生幸福，因此建議你不要想放棄，最好的辦法就是保持比較好的朋友關係。

其實我們人類都很善變，今天愛一個人，明天可能就移情別戀了，所以不用你傷腦筋費心力想要放棄他，耐心保持好友關係一段時間，他可能就去愛別人了，你們就「好聚好散」的自然分手。

Q：如果喜歡一個人時，跟他告白失敗，但希望之間的關係能當很好的朋友，那該怎麼做？

A：告白失敗碰軟釘子，最常見的是對方還沒交男女朋

友的準備，只要不心急做出傷害或干擾對方行為表現，繼續保持真心誠意，總有一天可以打動對方，縱使沒有做成男女朋友，也會是一個『知心』好朋友。

Q：有女人緣有用嗎？

A：有女人緣當然很有用，不但方便交到女朋友，更可以從中精挑細選，找到一個能夠成為最佳情人，就像我年輕的時候一樣，身邊總是圍繞一群美女，加上耐心不躁進的讓時間慢慢決定，哪一位才是你的「真愛」，那一個才是能夠和你共渡一生的好伴侶。

主要是要保持君子風度，絕對不能「得意忘形」花心濫情，更要有讓女生可靠的有力肩膀，要有讓女生放心委任終身的擔當。

Q：請問老師「花痴」怎麼救？

A：花痴很正常，要以平常心看待，因為在國中生這一個時候，才剛進入青春旺盛期，是體內腎上腺動情激素最躁進時候，也是先天傳宗接代最強烈階段，因而男生競逐追求女生，女生表現愛男生行為非常

正常，只要接受教育正確感情知識，只要學習愛情基本常識，被人垢病的「花痴」行為，自然不是損傷自尊妨礙感情的難題。

Q：老師為什會當情感教育的老師？

A：因為從小對感情事好奇，從稍微懂事開始發想研究夫妻問題所在，使得自己從談戀愛到結婚將近五十年來，不但夫妻感情恩愛不曾吵架，更義務幫忙挽救無數瀕臨破碎婚姻家庭經驗。

從中了解我們人類現階段最大問題所在，就是嚴重欠缺感情基礎教育，才使得一對熱戀情人結婚後，很快變調走味，才造成離婚的人越來越多，也越多人對婚姻沒信心。

因此發心推動感情基礎教育，十幾年來多方奔走呼籲，終於得到你們老師，願意給我這個難得機會，給你們上感情基礎教育課。

Q：性與愛有什麼差別？

A：「性」與「愛」廣義上來說，是同義詞，所形容的行為表現都是同一個意思，如果說要分別不同解釋，應該是說一個人成長到了青春期後，開始有了

傳宗接代生育能力，生理和心理便開始產生追求男女朋友「愛」的動力，其目的和最終結果就是繁衍後代子孫，但其過程必需透過「性」的交配行為，才能夠達到生兒育女結果目的，因此「性」與「愛」的詮釋，我們一般人不但將它混一談，並完全將它當成同一個意思。

如果嚴格要說有差別，就在於從追求「愛」的動力，到達目的的「性」之間，有沒有建立「情」的要素，這也就是我一直在課堂上強調：「人與動物何異」的差別，野性動物只要有「愛」的動力，就可以直接「性」的交配，就可以達到繁衍後代的結果目的，其中間完全不必「情」的要素。

而我們人類最不一樣的地方，就是兩個人光有「愛」的動力還是不夠，必須經過現實人生的種種麻煩問題考驗，也必須經過一段長時間的證明，才能夠逐步建立穩固的感「情」基礎，才能夠進行養兒育女的「性」行為。

因此「性」與「愛」的差別，應該是說「愛」的動力，所衍生的「情」與「性」有什麼差別，以及兩個人之間的「性愛」，有沒有建立在穩固的「感情」基礎上。

Q：想問老師爲什麼你會喜歡這份工作？

A：因爲在交女朋友前清楚感情的重要性，才能夠讓我們夫妻結婚四十幾年，始終保持談戀愛感覺，卻見到一般的夫妻問題非常嚴重，心裡一直想到「覆巢之下無完卵」，因爲夫妻問題如果沒有獲得有效解決，將拖垮整個人類世界，將嚴重影響到了我的子孫後代。

並從自己還未結婚前就懂得幫人化解感情問題，尤其兒女長大成人了以後，二十幾年來更可以全心全力投入幫人化解感情問題工作。

Q：白目有救嗎？

A：白目有救嗎，當然有救，因爲被罵白目，只是不懂、愛現而已，主要問題大都出在「人際關係」人情世故，在我的觀點裡，像你們國中生，對人情世故不懂很正常，就是活到了七八十歲的老人，也未必搞得懂世界上，最複雜最難搞定的人際關係，如果被罵白目，不氣餒不退縮，勇敢面對現實，將心思放在解決問題才最重要。

Q：請問您演講多久了？

A：算一算應該有十幾年了，但場次不多，因為一心一意想推廣感情基礎教育工作，雖然人類社會一再標榜，早已進入文明已開發時代，但是對兩性情感思想觀念，還是非常傳統保守避談，還依舊停留在非常落伍的文盲時代裡，因此很感恩你們老師，願意給我這個難得機會，能夠按照自己的心願，給你們上感情基礎教育課。

Q：遇到有人對我花痴，要怎麼處理才正確？

A：「愛人痛苦，被愛幸福」，遇到有人對你花痴，不但不必煩惱傷腦筋，更要覺得榮幸才應該，因為被愛是幸福的，所以不用覺得煩惱，也不必浪費心思處理，可以利用機會嚐試人際關係，可以歷練建立穩固「感情」基礎。

但勿心存「不吃白不吃」撿便宜心態，發生「性接觸」情事，只能交「情」不能交「性」，而提早耗盡人生快樂婚姻幸福有限資產。

Q：老師為什麼做這種工作，而且為什麼可以幫助那麼多人？

A：很多人都會說，我幫人解決夫妻感情問題，幫忙挽

救那麼多婚姻家庭，是在做善事做功德，其實我感覺一點都不是，反而慚愧的覺得只是爲了自己，只是超自私的爲了我的後代子孫，去做這樣的工作。

因爲見到離婚的人越來越多，甚至看見太多人不敢結婚，可預見將會造成人類社會出現大浩劫，因此想到了自己的後代子孫，只是爲了沒能接受感情教育，而落得家破人亡，人生命運悲慘下場。

爲此甚至放下賺錢工作結束事業，專心研究解決夫妻感情問題，認真推動感情基礎教育工作。

Q：遇到花痴怎麼辦，常聽他講一些有的沒的很煩？

A：會一直對你講一些有的沒的來煩你，擺明的就是喜歡愛上你，你可能跟老師年輕的時候一樣，「誰叫你長得那麼帥」，才招惹花蝴蝶對你一直糾纏不休，但在我的人生記憶裡，被人喜歡追愛是件感覺很棒的事，每次回想都讓心裡甜甜的感覺好幸福，老師一直記得國小讀到一段詞說：「花開堪折直須折，莫待無花空折枝！」，有人喜歡你，對你追愛，要把握機會建立好感情，莫待花謝了，不愛你才想要，已經爲時已晚！

Q：老師被幾個女生同時追過？

A：老師被幾個女生同時追過，應該是「羊群效應」的原因，應該是在認識我老婆的那一段時間裡最多，光是每天在一起工作的女生，最起碼就有五六個，再加上每到鄰近的村莊，一定會有人告訴你說，有那一個女生愛你愛得那麼痛苦，你爲什麼都不理人家。

Q：如果有一天你跟你老婆吵架，你會怎麼處理？

A：雖然我跟老婆一輩子不吵架，但我們還是會爲了很多瑣事意見不合生氣，以前每一次當我生氣到極點，就快失控忍不住想開罵的時候，老婆都會對我講好話，甚至會說我生氣的時候也很帥，讓我想對她發脾氣都沒有辦法。

事後想一想也沒什麼大不了的事，何必發脾氣罵人傷自己，慢慢的脾氣一改再改，最後就沒脾氣了。

然後我老婆發脾氣的時候，我也學會了她的詭計，也懂得對她講好話，明明她就沒有那麼好，也要講成像眞的一樣。

更要感恩老婆幾十年來，爲了這個家庭的辛苦付

出，明明她都已經是老女人了，還騙她說跟年輕的時候一樣漂亮，她聽了當然會很高興，當然不再對我發脾氣。

Q：有些人說：「愛情不限年齡」，可是為什麼大人說太小不能談戀愛，不是不限年齡的嗎？

A：當「愛情」悄悄來到身邊的時候，是沒有辦法靠自己的心理意志，去選擇要或不要的問題，也不是大人能夠決定可不可以的事情，大人會說孩子太小不能談戀愛，是大人沒有受過感情教育，完全不懂感情不懂愛情，才一竿子打翻一條船，才把談戀愛的動力泉源「情慾」，當成害他命運悲哀的邪魔妖怪，才一聽見孩子開始談戀愛，尤其是當母親的，不但嚇到吃不好睡不著，更怕到精神病發大有人在，因為自己是受害的過來人，不希望自己的孩子步上自己的後塵。

Q：喜歡上人是什麼感覺？

A：你所問的「喜歡」，應該是「愛」上人是什麼感覺，當你從「愛」上一個人開始，你的目光會一直離不開那個人的身上，整個心思會跟著他的喜怒哀

樂情緒起伏變化，並會明顯改變自己的生活作息，甚至思想觀念個性脾氣都會受到很大的改變。

Q：交往後要如何經營感情？

A：交往中的男女朋友，必需多站在對方的立場看事情，多為對方著想，尤其女生每一個月會有生理期，情緒會產生起伏差異很大的變化，因此常被人形容戀愛中的女生「晴時多雲偶陣雨」，因此男生要懂得體貼包容，才能夠愛情永固長長久久。

Q：除了用心經營婚姻外，還有什麼方法可以讓幸福持久的嗎？

A：現實功利主義風潮盛行下，只有用心經營婚姻可能還不夠，還要像我一樣多分一些工作賺錢以外心思，去學習促進夫妻恩愛感情，學習促進幸福婚姻家庭美滿方法，和跟上時代腳步的孩子教養。
尤其將另一半當成比自己的生命重要，一切以另一半為第一優先，才能夠維持家庭美滿婚姻幸福持久。

Q：婚姻除了不外遇，還需要如何經營？

A：現在人想不外遇真的很難，因為普遍不懂得經營感情，並且將全部時間精神全部放在工作賺錢，長期冷落夫妻感情，造成大家心靈空虛，逐漸失去愛的能量，加上外面的誘惑很大，尤其網路的便利性。

如果夫妻能夠不外遇，可以代表兩人對婚姻的經營成果，已經達到了九十九分。剩下不足的那一分，還需要用心學習懂得如何促進夫妻情趣，才能夠繼續保持夫妻恩愛不外遇！

Q：父母離婚會影響到孩子嗎？

A：一定會，父母離婚對孩子的影響，表面上看得到的大家都曉得，潛在的影響才最嚴重，光只是一個父母做了不良示範，就讓孩子的身心難以健全，尤其關鍵人生命運的兩性情感，很難往正向學習成長。

Q：為什麼有些人會因為工作的關係而影響到家庭？

A：有些人會因為上班工作地點路途遙遠，沒有辦法天天回家，甚至有人遠到國外工作，每一次會有好長一段時間，才能夠回家一趟，必然影響家庭婚姻品質，但如果夫妻感情和好愛情穩固，就是再長的時間不回家，照樣不會影響美滿家庭幸福婚姻，更不

會影響夫妻恩愛好感情。

Q ：爲什麼你會想要進入這個行業？

A ：因爲用心研究夫妻問題，最後完全了解所有問題所在，也幸運尋找到了解決方法要領，尤其自己以身試法，獲得實際驗證有效以後，並且見到社會的主要亂象，絕大因素來自一再飆高的離婚率，來自糾葛難解的夫妻感情問題。

於是心裡開始不斷出現一句話提醒自己說：「覆巢之下無完卵」，如果只是因爲普遍的夫妻感情問題，沒有辦法獲得有效解決，因而敗壞了整個社會，甚至毀滅了人類世界，不但自己也會遭殃受害，更會禍延我的子子孫孫。

因而生起想要拯救人類心願，想要將自己親身歷練和實際體驗心得，分享促進夫妻感情鞏固家庭婚姻。

Q ：如果以後要交男女朋友，要如何更瞭解對方？

A ：不必費心去瞭解對方，因爲人非常的善變，世界上的每一個人都一樣，自己今天所做的決定，到了明天可能就完全改變了，也常常前一分鐘才決定的事

情，到了下一分鐘又給推翻掉了，連自己的心思都搖擺不定個性不穩，那有辦法去瞭解對方的習性和心思。

因此只要自己瞭解愛情是怎麼一回事，只要自己清楚明白，如何與對方營造一段恩愛感情才重要。

Q：什麼時候適合交男女朋友？

A：什麼時候都可以交朋友，都可以結交成爲好朋友，但兩個人只談「情」不談「性」，等到理智成熟時，才能夠談眞正的男女「愛情」。

Q：什麼樣的愛情才能長久？

A：必須經得起現實人生的洗禮磨練，必須通過所有人情世故的嚴格考驗，再加上一段足夠時間的實際驗證。

能夠始終保持男女關係，是一件「神聖」不可逆的心態，將可以永遠保固愛情長長久久。

Q：我們國中生現在適合談戀愛嗎？

A：從讀幼稚園開始，一直到八九十歲的老人，都可以談戀愛，因爲兩個人一旦互相看中意看對眼，縱使

費了九牛二虎之力，也沒有辦法阻擋叫他們不談戀愛，縱使費盡了所有方法力氣，也沒有辦法阻擋他們在一起。

但只能夠「交情」不能夠「交性」，只能夠當成比好朋友更好的朋友，才不會造成終生的遺憾，因為國中生所交往的對象，不但很難成為終生伴侶，更很容易成為死不相往來的陌生人。

Q：你會和瘦的交往和胖的交往？

A：高、矮、胖、瘦、美、醜，不能夠做為是否交往的條件，貌美身材好並不能保障愛情如意，重要的是懂不懂得男女感情，能不能夠經營穩固愛情。

Q：你的志向是什麼？

A：我的志向隨著年齡不停變換，在當兵的時候，因為家裡窮到三餐不繼，開始想要創業自己開公司賺錢。

可是，等到了事業成功，又覺得自己能力非常有限，沒有辦法做到事業與家庭兼顧，最後選擇家庭比事業重要，因而將好不容易做成功的公司結束掉，將照顧老婆孩子的心情，遠比工作賺錢更為重

要。

然後見到離婚率快速的飆升提高，不但造成社會病態日益嚴重，更快速將人類世界推向被淘汰被毀滅地步，因而誓願盡自己畢生經驗心力，期望能爲社會盡一點棉薄之力。

Q：一定要在大學談戀愛嗎？

A：要談眞正的戀情，當然要在理智成熟階段最恰當，因爲一個到了青春期的正常人，日夜遭受傳宗接代動情激素催化，身體生理開始像發情（發瘋）的貓狗動物一樣，盲目的展開追求異性行爲，是一個相當危險的青春過渡期。

輔導過太多夫妻感情始終不好的人，都是因爲在剛進入青春期的時候，整個人完全被原始動物本能驅使操縱，鬼使神差的盲目濫交、亂愛、亂性，最後造成人生命運遺留下後悔莫及難以挽回彌補憾事。

Q：一定要經過愛情的過程嗎？

A：學理上說：我們人類是提昇感情的動物，因而跟一般野性動物差別最大的地方，就是一般野性動物可以在沒有愛情的基礎下，就可以交配繁衍延續後代

子孫，並且兩隻公母動物交配完成後各自分手，母的懷孕到生下子女，公的不必負養育責任，甚至有些公的動物，為了可以盡早跟母的再交配，會把親生子女殺死。

所謂人類文明社會，延續後代子孫方式，早已擺脫野性動物雜交行為，必須互相建立感情基礎。

因此一個沒有感情基礎，得不到愛情的人，不但沒有辦法順利延續繁衍後代子孫，更像是一個沒有靈魂的行屍走肉！

Q：現在適合交男女朋友嗎？

A：無論什麼時都可以，但對於像你們國中生來說，已經不是適不適合，和可不可以的問題，是因為你們的父母和老師，害怕你們一旦開始交男女朋友，不但會不專心讀書，最怕不小心出人命（懷孕），才會沒理由的全力阻擋破壞。

可是父母和老師的阻擋破壞有效嗎，不但完全無效，更會把你們逼到暗處偷偷摸摸；因為當『愛情』來的時候，不要說像你們心智還未成熟的年齡，就是歷經風霜歲月七八十歲老人，還是沒有能力去抵擋「愛情魔力」。因此對你們國中生階段，

可以交「情」，不能交「性」。

Q：一開始面對愛情，心情會緊張嗎？要怎麼克服？要
幾歲才能談戀愛？

A：當然會緊張，甚至會手足無措心慌意亂，尤其像你
們這種年齡，第一次開始感覺「愛情」來的時候，
會很明顯的出現忐忑不安心理，因爲「既期待又怕
受傷害」！

至於怎麼克服「愛的魔力」，最好的方法是找父母
長輩或老師請教討論，其次是轉移注意力，讀書複
習功課或幫忙做家事，最下策是運動大量流汗。

最佳戀愛年齡是二十歲以後，因爲心智大致成熟，
自己也比較有社會歷練，並看多親戚朋友經驗，比
較了解「愛情」。

Q：國小的男同學，從以前就喜歡我到現在，他現在會
跟他身邊的人說我家庭狀況，如何處理？

A：可以跟他保持一般朋友關係，但不要惡言相向，也
不要直接拒絕他，因爲像你們現在，不只心智未成
熟，心思也不穩定，朝三暮四很正常，讓他找到了
適合對象，自然不再來糾纏煩你。

Q：一定要和自己思想、意見相合的女生結婚，感情才會長久嗎？

A：世界上還沒有兩個面貌長相，和習慣個性完全吻合之人，因此不可能會有思想、意見默契一致的夫妻，所以思想、意見不合的夫妻很正常，因而夫妻吵吵鬧鬧也很平常。

但不管是什麼樣的個性想法，和對處理事情做了什麼不同的決定，只要是對自己和家庭都有好處的決定，就算是觀點見解差異頗大，還是不會影響夫妻和諧，還是不致影響夫妻感情長久，只要夫妻感情愛情基礎穩固。

Q：你是如何保持夫妻的協合？

A：我們夫妻從認識六年，一直到結婚四十多年來，不但不曾吵過架，更始終保持當初談戀愛感覺，因為一直都很恩愛甜蜜，夫妻自然很有默契很協合和諧，並且我老婆也很幽默，在我生氣的時候會逗我開心，老婆經常把「你很帥」掛在嘴上，讓我想生氣都很難，所以多向對方講好話，多讚美對方的優點，自然保持夫妻的協合。

Q：國小的愛戀是眞實的嗎？從小一愛戀到小六，這愛情是眞心的嗎？

A：國小一年級會對同學或被同學愛戀，應該純粹只是喜歡而已，跟進入青春期以後，對男女朋友的愛戀不一樣，但從小一開始一直喜歡到小六，「兩小無猜青梅竹馬」，有可能發展成一對甜蜜恩愛情侶。

Q：談戀愛要幾歲到幾歲之間才比較好？

A：因人是感情的動物，對情的需求是不分年齡的，也是因爲先天習性潛意識使然，但從進入青春期開始，才更明顯感覺愛的渴望，最適合談戀愛的年齡，是心智成熟的時候，大約落在二十歲以後。

Q：夫妻感情發生問題時，該如何解？

A：難解，因爲他們不像你們，完全沒有受過感情教育學習，完全不懂如何解決感情問題，才造成離婚的人那麼多，才使得那麼多人不敢結婚，一旦發生問題，縱使沒有離婚，也很難化解問題挽回感情。
因此最好的辦法，就是像你們現在有機會，多用心學習經營好感情知識，多吸收化解感情問題常識。

Q：現在該不該談戀愛？

A：父母師長都說現在的年齡，還不適合談戀愛，因而全力的阻擋破壞；與其說國中生該不該談戀愛，不如說國中生懂不懂愛情，因為應不應該談戀愛這種事，又不能夠靠自己的心理意志，去決定要或不要的一道選擇題。

Q：要如何讓爸媽的感情越來越好？

A：能夠多幫對方美言，多幫對方講好話，可以增進父母之間的感情，像我老婆不但平時對我講好話，更在我做錯事講錯話的時候，不但不會責罵怪我，更會幫我找理由安慰鼓勵，有時候在我生氣的時候，她都溫柔體貼的對我說：「老公，你生氣的時候也很帥呢」！讓我再大的脾氣，也馬上消失不見，慢慢的我也學會對老婆，多講一些讓她聽了心裡高興的話，所以我們夫妻才一直不吵架，也才能夠一輩子感情恩愛和好。

Q：當未來有機會能夠有愛情時，應該如何判斷這個人是否能夠依賴？

A：當「愛情」來的時候，千萬莫心慌著急，更勿輕言放棄，「時間」就是最有力可靠的證明，會幫忙周全縝密的判斷這一個人，是否值得拿自己的人生，在他身上下一輩子的賭注。

Q：如何讓父母不吵架？

A：孩子最害怕父母吵架，偏偏有太多父母感情不好，一直不停吵架互相傷害，但每次看見父母吵架，當兒女的實在很難讓他們不吵架，只能在他們心平氣和時候，能夠多幫對方美言，多幫對方講好話。

Q：你覺得哪個年紀適合談戀愛？

A：最適合談戀愛的年紀，最好是理智成熟的時候，大約落在二十歲以後，並非之前不能談戀愛，而是理智還未成熟時，很容易擦鎗走火發生性關係，不但可能因此斷了求學之路，更可能促使思想觀念人格偏差異常，為將來夫妻感情埋下破壞婚姻幸福家庭美滿惡因，因而衍生讓自己悔恨終生憾事，因此在還未成年之時，不是不可以談戀愛，而是只能「交情」不能「交性」。

Q：班上有一個女生喜歡了我很久，我很好奇為什麼有女生堅持那麼久，而且是在知道我不喜歡他的狀態下喜歡我那麼久，到底為什麼他能這樣堅持？為什麼都不放棄呢？不放棄是好事嗎？

A：被人窮追不捨緊咬不放，絕非是那一種「被愛」的幸福，反而感覺像被人綁架一樣的感覺恐怖，如果已經造成你那麼大的煩惱，甚或干擾到你的課業及生活，建議找她針對問題好好談一下。

　　如果她只是針對你一個人，並沒有對別人「博愛」、「濫情」，又能夠堅持那麼久不放棄，當然是一件很難得的好事，因為一個人能夠堅持不放棄那麼久，相信是一個很有思想有原則，是一個很有理性不盲目「亂愛」的人。

　　恭喜你像我年輕時候一樣，俱有男人「夢寐以求」，能夠吸引異性超級無敵的「魅力」，所以建議你學習老師的「有節有守」，好好珍惜父母給你的特優條件，可以像老師一樣創造一個既精彩又幸福的美好人生。

Q：社會中大部分的人在年老的時候，彼此老夫老妻感情就不如以往好，甚至愛情也漸漸淡化，請問愛情

要用什麼方法，才能維持這麼久，或者感情更好？

A：老夫妻感情不好是一件很正常的事，因為社會風氣太過保守封閉，使得夫妻感情太過「矜持」冷淡無趣，加上現實生活壓力難以克服，尤其不曾受過教育「感情」知識，嚴重欠缺排解「感情」問題常識。

「先天不足後天失調」，當年老的夫妻「感情」出現危機，給予再多再有效方法也於事無補，只能消極性的順其自然，只能讓他們過一天算一天，晚輩也只能盡其所能的盡孝。

若想要「愛情永固」天長地久，只要學習我們夫妻的做法，凡事都將「愛情」擺在最前面，無論遇到再大的困難挑戰，所有腦海心裡能夠想到的，完全以顧全夫妻「愛情」為第一優先考量。

Q：人在相處中難免有些不如意的事，也有可能為了某些事情爭吵，想問老師此時是該互相退讓將心比心，或者有更好的方法？

A：一般完全融入現實功利，順隨社會風氣世俗潮流的普通人，必然遇事據理力爭寸步不讓，自然處處與

人結怨樹敵，自然人生道路越走越窄越難，自然時
時感嘆「人生不如意事十之八九」！

上等懂得將心比心的人，處處發揮「己所不欲勿施
於人」的高尚情操，時時能夠體諒別人艱難困境，
事事能以寬闊胸懷為人設身處地，自然不會與人發
生僵持不下爭吵事件，自然不會出現該不該退讓的
兩難問題。

上上等開悟真理大道的人，完全透徹人類世界上的
萬事萬物，沒有絕對的「是非黑白對錯」，自然能
夠海納百川不可能與人發生對立衝突，自然與人相
處和諧安祥，自然人生愉快諸事如意。

Q：現在公民課學到道德和法律，這兩者有時無法兼
得，像法律許可，若夫妻一方有不治之惡疾，他方
可向法院訴請離婚，但這在道德倫理上違反「不離
不棄」。若有人遇到這個問題，蕭老師您會建議他
（她）怎麼做？是要忍受被辱罵，或是辛苦承擔照
顧責任？

A：「世風日下人心不古」，處在經濟過度開發，知識
爆炸的尖端時代裡，看盡人類世界的興衰起伏，親
身經歷人生的酸甜苦辣，從中體悟到還能遵守傳統

倫理道德，持續保有良知良能的善士好人，僅剩偏僻落後農村裡，以及遠離塵囂的高山上，那些沒有讀書不認識字，不曾遭受現實功利污染的文盲。

其實人類是一個全方位的靈長類動物，必需「理性」與「感性」機能平衡發展進步，反觀當今社會風氣潮流完全一面倒，將人變成只懂賺錢的冷血工具，病態式的一味倡導現實「理性」，完全忽略遠比財富更重要的「感情」事，才致使完全不顧人情的法律「理性」，與溫馨「感性」的倫理道德無法兼顧。

若遇到這樣問題的人，我一貫的做法，會讓其願意耐心接受，我不厭其煩的解說「世界真相」，使其完全透徹「人生意義」，使其恢復「理性」與「感情」平衡，再任其自由選擇決定，自己的人生將「何去何從」！

Q：我想請問蕭老師，如果兩人從國中開始，就成為男女朋友，且從此決定要一起白頭偕老，如果兩人一開始由愛是從『情』開始為基礎，那有可能恩恩愛愛，甜甜蜜蜜一輩子嗎？會不會因為兩人的心還沒開始成熟，所以那不算愛情，而是非常好的『朋

友』?

A：「愛」只是一時的「性起」，只是追求異性的一種
衝動能量，是一個完全不理智不成熟，是一個最不
可靠的原始動物本能，因而並非兩人情投意合在一
起，開始成爲男女朋友，就會有「情」的存在。

甚至連最普通的朋友都還不算，因爲這種一時「性
起」的衝動變數太大，隨時都會翻臉變成冤家仇
敵，這時候只光有「愛」的「感」覺而已，完全還
沒有達到所謂的「感情」，更還沒有發展到達可以
成爲男女朋友的「愛情」。

男女從開始孳生「愛苗」，逐步演化進步來到「感
情」階段，需要經過一段足夠時間培養多方磨合，
更需要通過所有現實人生洗禮及無情世俗考驗，並
且等到了完全達到心智及生理「熟成」以後，兩個
人才有可能建立起眞正的「感情」，也才有可能
「愛情永固」一起白頭偕老，也才能夠一輩子感情
恩愛甜蜜。

在我輔導過無數夫妻感情問題個案，絕大多數只因
原始動物本能驅使產生「愛」的衝動，就單純的認
爲兩人已有了「情」的基礎，就天眞的「山盟海

誓」決定白頭偕老，結婚以後經不起現實風雨打擊摧殘，恩愛「感情」很快變質走樣，很快從一對甜蜜戀人，變成兩個難以共存的冤家仇敵。

Q：愛情一定要長久嗎？

A：當然要，一個沒有愛情的人，會像被主人遺棄路邊的流浪狗般無辜，愛情不長久，就像太多一輩子感情不好的夫妻一樣，不但沒有辦法白頭偕老，到老了更會孤苦無依，更有太多人有家歸不得，因為老婆孩子不要他，就像有一句台語說「少年不會想，吃老嘸整樣」！

就像我早上五點多坐公車到林口，準備搭統聯客運來台中的時候，經過長庚醫院的停車場，看見一個年紀跟我差不多的流浪漢，一個人畏縮在四面都沒有牆壁的空曠停車場角落裡。

早上從家裡出來的時候，我特別注意看了一下溫度表，才十四度，尤其在林口那地方特別冷，通常都比我們泰山少兩度以上，卻看那流浪漢的身上，只穿了一件薄薄的黃色外套，也沒蓋棉被或任何保暖東西。

看他樣子實在很可憐，很想過去關心一下，卻趕時

間要來學校，怕來不及上課，因為今天是我第一
次，準備自己從火車站搭公車過來。

一路上心裡一直想著那流漢，一定跟他的老婆感情
不好，甚至夫妻完全沒有愛情，才會讓他有家歸不
得，才會讓他那麼可憐的在這麼寒冷的天氣裡，流
浪畏縮在停車場裡過寒夜。

其實一個人的愛情成功與失敗，可以代表人生的成
功與失敗，就像蘋果手機的大老闆賈伯斯，在他知
道自己將死的時候，才感慨在他年輕的時候，沒有
經營感情，只一心一意拼命賺錢，雖然賺到了那麼
多錢，卻帶不走，才感慨自己沒有感情沒有愛情，
才會在網路上留下那一篇，很教化人心的「賈伯斯
臨終感言」！

根據我們夫妻和幾十年來，輔導過那麼多夫妻家庭
婚姻經驗，得到一個人生命運極其關鍵的結論：一
個欠缺或不曾有過「愛情」的人，就像一個沒有
「靈魂」的人一樣，因此建議不但要好好珍惜「愛
情」，更要想辦法讓自己跟另一半，像我們夫妻一
樣經營長長久久的愛情，才能夠讓人生如意婚姻幸
福家庭美滿。

國家圖書館出版品預行編目資料

為國中生上的愛情課／蕭定著. --初版.--臺中
市：白象文化事業有限公司，2022.8
　　面；　公分
ISBN 978-626-7151-51-8（平裝）
1.CST: 戀愛 2.CST: 兩性關係
544.37　　　　　　　　　　111009223

為國中生上的愛情課

作　　者　蕭定
校　　對　蕭定
　　　　　電子信箱：a0919269132@gmail.com
發 行 人　張輝潭
出版發行　白象文化事業有限公司
　　　　　412台中市大里區科技路1號8樓之2（台中軟體園區）
　　　　　出版專線：（04）2496-5995　　傳眞：（04）2496-9901
　　　　　401台中市東區和平街228巷44號（經銷部）
　　　　　購書專線：（04）2220-8589　　傳眞：（04）2220-8505
專案主編　李婕
出版編印　林榮威、陳逸儒、黃麗穎、水邊、陳婉婷、李婕
設計創意　張禮南、何佳誼
經紀企劃　張輝潭、徐錦淳、廖書湘
經銷推廣　李莉吟、莊博亞、劉育姍、林政泓
行銷宣傳　黃姿虹、沈若瑜
營運管理　林金郎、曾千熏
印　　刷　基盛印刷工場
初版一刷　2022年8月
定　　價　250元

白象文化　印書小舖 PressStore 出版經紀　出版 · 經銷 · 宣傳 · 設計
www.ElephantWhite.com.tw　f 自費出版的領導者　購書 白象文化生活館 🔍